新时代少数民族传统体育的传承发展之路

杨 帆 ◎ 著

山西出版传媒集团

山西经济出版社

图书在版编目(CIP)数据

新时代少数民族传统体育的传承发展之路/杨帆著
. --太原:山西经济出版社,2019.11
ISBN 978-7-5577-0582-4

Ⅰ.①新… Ⅱ.①杨… Ⅲ.①少数民族—民族形式体
育—研究—中国 Ⅳ.①G852.9

中国版本图书馆 CIP 数据核字(2019)第 233435 号

新时代少数民族传统体育的传承发展之路

XINSHIDAI SHAOSHU MINZU CHUANTONG TIYU DE CHUANCHENG
FAZHAN ZHILU

著　　者:杨　帆
责任编辑:司　元
特约编辑:张素琴　张玲花　许　琪　庄凌玲
装帧设计:马静静

出　版　者:山西出版传媒集团·山西经济出版社
地　　址:太原市建设南路 21 号
邮　　编:030012
电　　话:0351—4922133(市场部)
　　　　　0351—4922085(总编室)
E — mail:scb@sxjjcb.com(市场部)
　　　　　zbs@sxjjcb.com(总编室)
网　　址:www.sxjjcb.com

经　销　者:山西出版传媒集团·山西经济出版社
承　印　者:北京亚吉飞数码科技有限公司

开　　本:787mm×1092mm　1/16
印　　张:12.5
字　　数:224 千字
版　　次:2020 年 3 月　第 1 版
印　　次:2020 年 3 月　第 1 次印刷
书　　号:ISBN 978-7-5577-0582-4
定　　价:68.00 元

前　言

　　少数民族传统体育作为中华民族传统文化的一个重要分支,历经中华文明几千年的洗礼,形成了深厚的文化内涵。世界的快速发展带来了经济的全球化,因此体育全球化也随之而来。在这一背景下,西方体育迅速进入我国,其带来的文化思想理念对我国产生了重大影响,逐渐使我国少数民族传统体育在大众心中的地位发生动摇,各民族为跟上时代潮流,逐渐趋向学习西方体育文化,使本民族文化被削弱,民族特色越来越薄弱,少数民族传统体育的生存与发展环境面临消失的困境,其所蕴涵的独特文化内涵被完全忽略,致使其传承与发展面临巨大的挑战,在此境遇下,我国少数民族传统体育如何有效传承与发展,是当前我们需要重点研究的课题。

　　除此之外,为全面贯彻落实党的十九大精神和习近平新时代中国特色社会主义思想,促进少数民族传统体育繁荣发展,国家体育总局与国家民委印发了《关于进一步加强少数民族传统体育工作的指导意见》(以下简称《意见》),这是国家层面出台的促进少数民族传统体育发展的规范性文件。《意见》指出,要充分发挥政府职能的主导作用,统筹调动社会力量,共同推动少数民族传统体育的全面发展,此外《意见》还明确了新时代发展少数民族传统体育事业的总目标是推动民族团结进步,促进全民健身和全民健康深度融合,不断满足人民日益增长的美好生活需要,为社会主义文化强国、体育强国建设发挥重要作用。为积极响应国家号召,实现宏伟目标,加强对少数民族传统体育在新时代背景下传承与发展的深入研究势在必行。为此,特撰写《新时代少数民族传统体育的传承发展之路》一书,以期为我国少数民族传统体育的发展提供参考与指导。

　　本书共九章内容,第一章与第二章主要阐述民族传统体育理论及少数民族传统体育的多元价值。其第一章为民族传统体育概述,阐述了民族传统体育的概念、内容与特点、文化属性及少数民族传统体育的发展现状;第二章为新时代少数民族传统体育多元价值体现,分析了少数民族传统体育的经济价值、教育价值、文化价值以及社会价值。第三章与第四章分别探讨少数民族传统体育传承理论与发展理论。其第三章为少数民族传统体育的传承理论研究,主要对传承者、传承方式、传承环境及传承管理进行了研究;第四章为少数民族传统体育的发展理论研究,重点研究影响因素、发展方向及存在问题。而第五章至第九章重点探讨少数民族传统体育传承与发展的多元路径,包括区域传承与发展、文化传承与发展、教育传承与发展、竞技与产业传承与发展以及国际传承与发展。

本书以新时代为背景,以我国少数民族传统体育的传承与发展作为逻辑起点,以多元发展为导向,系统研究少数民族传统体育传承与发展的理论、路径及实践,从而正确把握其价值取向和发展方向。尤其是在发展路径研究中,突破传统的研究局限,探索多元化传承与发展路径,以此来拓展我国少数民族传统体育的传承渠道与发展空间,为提高传承与发展效率提供保障。总体来看,本书主题明确,逻辑严谨,结构合理,研究深入,具有突出的学术性、理论性,同时具有重要的应用价值与现实意义。希望本书能够为引导我国少数民族传统体育在新时代的传承与发展,为少数民族传统体育文化的繁荣作出贡献。

本书在撰写过程中,借鉴了许多专家、学者的研究成果和观点,在此表示诚挚的谢意。另外,由于时间和精力有限,书中难免有不妥之处,敬请读者谅解并指正。

作　者
2019 年 6 月

目　录

第一章　民族传统体育概述

民族传统体育是中国传统文化的重要组成部分,是中华民族的重要价值取向之一,它从人民大众的生产生活中来,反之服务于大众,在增强人们的健康水平、凝聚民族精神,以及促进民族团结和社会文化进步等方面都发挥着巨大作用。为此,本章首先阐述民族传统体育的基本知识,以此让人们对民族传统体育有所了解。

第一节　民族传统体育的概念、内容与特点

一、民族传统体育概念的界定

目前,有许多学者都越发注重对民族传统体育发展中诸多问题的研究,然而由于不同学者研究的角度、趋向、目标不同,也就导致了他们对民族传统体育的不同理解和认知。这点在民族传统体育的概念认定上有着显著体现。1989 年,在体育院校通用教材《体育史》中,将民族传统体育定义为近代以前的体育竞技娱乐活动;《体育人类学》一书则定义其为某一个或几个特定民族在一定的范围内开展的,且没有被现代化的,至今还具有一定影响力的体育竞技娱乐活动;《民族体育》一书则定义其为具有民族特色的体育活动。

综上几点,可以大体将民族传统体育定义为:在中华民族中创建、传播、传承的,在不同历史时期和地域环境中,具有浓厚民族传统特色的体育活动。

二、民族传统体育的内容

(一)健身养生类民族传统体育

健身养生类民族传统体育运动有着显著的健身养生、疾病预防等功能

特点。其中较为典型的项目有太极拳、太极剑、导引术等。这些运动项目的动作普遍具有动作简单、轻缓、舒展的特点,整体运动负荷较小,适宜各个年龄段的人群长期练习,具有增进健康水平和预防疾病的作用。

(二)竞技类民族传统体育

带有竞技属性的民族传统体育运动项目是在竞赛规则规定下开展的竞赛者比拼技术、体力、智力、心理等方面的竞赛。其中较为典型的项目有武术、木球、蹴球、珍珠球、押加、毽球、龙舟、民族式摔跤等。这些项目所具有的十足竞技性,也使他们成为了全国少数民族传统体育运动会的正式比赛项目。

(三)娱乐类民族传统体育

娱乐类民族传统体育项目带有显著的娱乐性特征,其更多是用来满足参与者对娱乐和休闲的需求,当然,此类项目也带有非常少量的竞技元素。其中较为典型的项目有棋艺、投掷、托举、舞蹈等。棋艺主要为民族棋类项目,如象棋、围棋、藏棋等;踢打类项目有踢毽子、踢沙包等;投掷类项目有抛绣球、投火把、丢花包等;托举类项目有举皮袋、抱石头等;舞蹈类项目有跳芦笙、耍火龙、跳桌等。

三、民族传统体育的特点

(一)民族性

从民族传统体育中人们可以发现明显的不同民族的社会生产与生活的影子,因此说民族传统体育具有相应的民族性特征。

我国是由56个民族构成的大家庭,其中大部分民族在长期的生产与生活实践中都慢慢创造了属于自身的民族传统体育项目,这是其具有显著民族性特点的原因。对于每个民族来说,其民族传统体育的产生与发展都与这个民族的宗教信仰、民族所处地区的自然环境、常规生产方式以及经济水平有关。因此,如果是为了培养民族群众的民族认同感或是凝聚民族精神的话,从民族传统体育这个角度入手,可以收到非常理想的效果。也正是因为民族传统体育中蕴含的这种民族性,才使得本民族群众在参与民族传统体育的过程中,得到潜移默化的民族历史文化教育,使人们产生强烈的民族自豪感和民族自信心。如此看来,我国各民族人民的生活状态是可以在该民族的传统体育中略见一二的,甚至一些民族传统体育运动都成为了这个民族的重要文化标志。

（二）地域性

所谓的民族传统体育的地域性，是基于不同民族所处地区的自然条件及区域环境之间的差异，由此所构成的不同民族的不同传统体育运动形式。

一个民族的生活一定要依托在某种地域环境中，如此这个地域环境就成为了民族群众生存与发展的空间条件。以前，各地区之间，尤其是偏远地区之间的交流极少，不同地域民族呈现出较大的差异性，这些差异很大程度是由地域差异所引起的。民族传统体育，也是在这种条件下发展起来，显然也就带有一些地域性的特征。例如，北方民族长期生活在空旷的草原地带，他们更善于骑射；南方民族长期与水相伴，他们就更善于在水上或水中的运动，龙舟运动就是典型的一项；又如藏族及西南地区许多民族由于长期生存于高海拔的多山地区，因此在这些民族的传统体育项目中就有很多是与攀登有关的。

实际上，在探讨民族传统体育的地域性特征问题时需要注意的是，除了地域之外，还有一种因素也能显现出民族传统体育的地域性特征，那就是民族所具有的文化、风俗、心理等人文环境。这在相关问题的探讨中很容易被忽视。例如，北方人的性格普遍较为奔放豪爽，崇勇尚武，因此他们所崇尚的传统体育运动很多都与摔跤、奔跑、角力有关；南方人的性格普遍比较温婉平和，善于利用发散思维，思考事物，因此他们的传统体育运动中有许多与斗智有关，如弈棋等。

（三）文化性

民族传统体育可以称得上是我国宝贵的文化遗产，其珍贵性表现为对民族传统体育的研究，有助于成为研究民族文化的重要突破口。由此可见，民族传统体育带有非常显著的文化性特征，不同民族的许多文化特点大部分都能在其传统体育运动中得以展现。

（四）娱乐性

我国的传统节日众多，每个节日都有其存在的意义。伴随而来的，在许多节日的庆祝仪式上都有民族传统体育运动出现的身影，人们通过这些活动来达到活跃节日气氛和弘扬民族传统体育的目的。为此，在民族传统体育运动中就有很多表演性和娱乐性项目存在，这些项目更加注重运动的娱乐属性。例如，秧歌就是一种人尽皆知的民族民俗运动项目，其开展时间非常灵活,但主要是在农闲时或节日时开展。此时组织扭秧歌活动的目的就在于将民众自身的喜悦心情表达出来。再如,苗族、彝族、壮族、瑶族和布依族等少数民族流行打铜鼓,同时还有精彩的歌声作伴,从而表现出淳朴的民族风格和浓郁的民族特色,这种欢快祥和的氛围感染着每一个人。

(五)竞技性

体育运动的竞技属性从我国原始社会开始,就在很多民族传统体育运动中显现了出来。自黄帝以来,体育竞技活动就是众多宗教庆典中不可或缺的内容,这些活动的目的在于报答神灵赐福,是一种仪式的组成部分。到先秦时期时,武术得到了初步发展,众多武者意图通过习武来彰显自身的强壮与能力,这也是武者实现自我价值的重要方式。我国少数民族传统体育项目中的许多内容都包含着大量的竞技元素,如射箭、赛马、摔跤、赛龙舟等,这些在体育项目中的竞技元素实则在军事领域起到重要作用。不仅如此,甚至我国的摔跤运动也影响着许多外国的搏击术和训练方法。积极开展民族传统体育中的竞技类项目不仅可以使身体、心理得到锻炼,还能培养人的意志品质,如此必然能在维护社会秩序、提高民族意识等方面也发挥应有的作用。

(六)多样性

我国的民族传统体育形式多样,数量庞大,可以说,这是我国各族人民智慧的结晶。《中华民族传统体育志》中收录的统计数据显示,我国除汉族外的 55 个少数民族的传统体育项目有 676 个,汉族传统体育项目有 301个,56 个民族共计民族传统体育项目 977 个。因此,多样性和分布的广泛性,是民族传统体育文化的重要特色。

我国民族传统体育的多样性特点不仅体现在种类和内容上,还体现在其拥有的多元结构上。在众多民族传统体育项目中,许多项目在技术要求等方面的差异较大,因此在形式上也千差万别。

总而言之,形成民族传统体育项目众多,特色各异的形态的原因主要为多民族的构成形式。它决定了不同民族的生产生活方式的不同,决定了民族性格的不同,进而决定了民族传统体育项目的差异。各民族人民在本民族特定的文化圈中生活,形成了不同于其他民族的风俗习惯、制度规范以及文化心理,而这也就是民族传统体育多样性特征产生的根本原因。

（七）交融性

21世纪无疑是世界文化实现全面交融发展的时代。在时代文化潮流下,世界文化开始逐渐融合,这是文化发展的一种趋势,是一种普遍的现象,同时也是一种特殊的现象,两者相互包含。在这种情况下,不同的文化类型开始融合,其核心在于以人类普遍的、永恒的价值作为理想。但如果只是从价值的层面看待文化的融合,则没有可比性。以这种观点来看我国的民族传统体育的话,可知各民族的地理区域、宗教信仰、价值取向以及生活方式等或多或少是存在差异的。但在长期的历史进程中,包括民族传统体育文化在内的不同民族传统文化,确实随着民族的迁移以及各民族间的文化交流产生了实质性的交融。而在今天,这种交融的过程更快,程度更深。

我国民族传统体育交融性特征主要表现在,从世界不同的民族文化中汲取精华与营养,以此来获得发展。在这一过程中,人们也不断摒弃民族传统体育中的糟粕元素,从而促进我国民族传统体育的现代化发展。

第二节　民族传统体育的文化属性

一、民族传统体育的基本文化特质

中华民族传统文化强调"天人合一""气一元论"等诸多理论。民族传统体育文化在如此传统理论的指导下,其必然也带有整体性、等级性等特征。以此为基础,还逐渐形成了以崇尚礼让、宽厚、和平为价值取向的体育形态。这一体育形态与西方的竞技体育形态有着本质上的区别。

总体来看,我国民族传统体育的文化特质体现在如下几个方面。

（一）强调整体性

民族传统体育文化的哲学中有一项是"天人合一"。民族传统体育植根于我国长期自给自足的农业经济土壤中,它强调事物的整体性与和谐性的统一。中国向来有"推天道以明人事"的说法,即将上天作为反哺自己、洞悉自己,构建人生理想的参照物。在中国传统文化中,"天"与"人"是一对非常重要的关系,许多论题都围绕这一关系展开。其中有一种观念长期被人们认可,即人身处自然之中,对自然力是不可驯服或改变的,为此只能默默接受。这一观念使得我国的祖先们骨子里缺少了一些抗争精神。

就民族传统体育运动来说，人们更加注重人体运动过程的整体性，更倾向于探讨运动中动作等与外部世界的联系。最为符合这点的典型运动项目如气功、太极拳等，它们无不是以意识活动和肢体锻炼来实现"与天地神相交通"的传统理论的。另一个印证此观点的事例为，在民族传统体育锻炼中，人们普遍沿袭传统，更多的是练习基本功，在基本功夯实之后再进行完整技术动作的练习。这体现了中华民族追求"形神俱练，内外兼修""采天地之气，铸金刚之身"的理念和顺其自然、追求平衡的主体化思维方式。

（二）追求宽厚、和平的文化理念

我国众多的民族传统体育项目与相应民族的民风、民俗、生活习惯等都有较为密切的联系。人民群众参与的传统体育活动现如今主要是为健身和休闲娱乐所需，活动的时间通常为农闲时间、工作等业余时间。例如，苗族的划龙舟，黎族的跳竹竿等，都是极具民族特色的运动项目。

中国人自古讲究性情自然，力求做到"知其心者，知其性也，知其性则知人"。这反映在民族传统体育之中就表现出中庸之道、信守顺其自然的文化追求。也是在这种文化理念的影响下，使得民族传统体育文化中明显带有安于现状、缺乏竞争的特点。这点总是不利于民族传统体育的长远发展的。

民族传统体育文化是中国众多传统文化中的重要组成部分，它在汲取了传统文化的诸多特性后，具备了与我国传统文化所处环境近乎一致的文化属性，而这也足以证明我国悠久灿烂的传统文化对其他事物的巨大影响力。

（三）具有森严的等级制度

我国古人对生活所处的环境，即大自然和人们自身的关系的认定，基本是遵循一种自然演进的规律而来的。在这个规律中始终存在特定的等级制度，其存在的意义在于将社会中的事物稳定下来，人们在不同的等级下各司其职。

在民族传统体育文化中也存在着等级制度，如西周的射礼，有大射、宾射、燕射、乡射之分，有弓箭、箭靶、伴奏乐曲、司职人员的等级区别；《宋代·礼志》中也有关于打马球中的各种仪式的记载。人们最为熟知的武术过招，双方也是点到为止，忌讳出狠手杀手。森严的等级制度还体现在女性的等级低下方面，如有些民族传统体育项目是限制女性参加的。

（四）推崇伦理教化的价值取向

我国在大多数历史时期都是遵从儒家传统文化的，在这一伦理基础影响下，民族传统体育的创造与发展也以展示道德理念为标准，将道德作为人的最大价值和最高需要。如此就使得民族传统体育成为"成德成圣，完成圆善"的一种手段，人们在参加这些活动中更加注重对实现道德的培养与升华的追求。这些规范和衡量民族体育的价值标准是民族传统体育伦理教化意图的重要体现。

二、民族传统体育的文化特性

（一）生产性

通过研究体育运动史可以发现，人类所创造的许多体育运动，其根源都是来自人们的生产活动。这实际上就决定了民族传统体育的产生是以生产为基本支点的，进而决定了民族传统体育文化的发展需要在一定技术支持下实现。举个例子来说，马是人类的朋友，是许多民族地区人们生产生活的重要工具，作为以生产生活为源头的民族传统体育运动来说，很多项目都与马有关。这种例子数不胜数，由此可见，生产属性是民族传统体育发展的重要基础，生产性是民族传统体育最基础的文化属性。

（二）生活性

生活在社会之中，人们的行为和思维都会受到某些特定环境的影响而发生一些改变，这些改变多是为了适应所处环境而来的。人类早期的社会生活，其生活与生产总是融合在一起的，如狩猎、游牧、耕作等是主要的生产活动，这也是生活的重要组成部分。为庆祝收获、祈祷祭祀等生活内容与人类社会初期所形成和提炼的动作活动方式，即体育活动息息相关。由此可见，体育来源于人们的生产、生活行为中，最终也成为了生活的重要构成部分，如此也就使民族传统体育活动带有了一定的生活性特征。

（三）封闭性

纵观我国民族发展历程可以看到，尽管各民族之间从在文化发展过程中有一些借鉴或融合。但限于地理区域的缘故以及自给自足的小农经济、血缘、宗族等因素的影响，我国的民族传统文化无疑是具有一定封闭性的，而作为其中组成部分的民族传统体育文化也自然带有这一特性。这一封闭性的具体表现在,有些体育活动只有本民族群众参与,传播面严重受限,外族人也很难了解这些体育活动。这种特性导致的最终结果就是某种民族传统运动只是在某一地区开展,以致自生自灭。

（四）认同性

民族认同性的本质在于血缘和文化,毋庸置疑这是民族团结的一种保障。民族,是某一种文化得以施加在人们身上的载体,民族又以文化为聚合体。民族传统体育活动是民族文化的组成部分之一,通过体育活动所展现出的民族文化也能起到民族文化认同的符号作用,并且还具备民族文化形象的意义。

第三节　民族传统体育的发展现状

一、民族传统体育的理论建设现状

我国民族传统体育历史悠久、形式多样,具有非常丰富的文化内涵。历经长期的发展,我国民族传统体育形成了一个庞大的理论体系。通过对我国民族传统体育的理论发展现状的研究可知,对其发展规律、特点、原则等一系列基础理论问题予以总结和归纳,是最有利于指导我国民族传统体育具体运动项目的发展的。

（一）我国民族传统体育理论体系结构的发展

1. 我国民族传统体育理论体系结构研究的背景

对于任何独立学科来说,其都会有一个相应的学科框架结构。这个框架对于学科理论体系来说至关重要,这种重要性主要体现在它一方面能确立该学科的研究对象和涉及范围,另一方面还能对该学科的理论建设具有一定的指导意义。这些理论优势对于民族传统体育的理论体系结构建设同样适用。在一定程度上,民族传统体育理论体系框架中规定的相关内容,不仅可以反映出民族传统体育的本质和特征,还能概括其学科性质与范畴,这对于民族传统体育学科的发展具有重要的意义。

2.我国民族传统体育理论体系结构研究的发展现状

(1)我国民族传统体育理论体系结构的划分。

我国学者对民族传统体育相关问题进行了大量研究,根据其研究的现状,可以将民族传统体育理论体系的框架结构,划分为如下三个方面。

第一,基础理论研究。研究的主要内容为民族传统体育的起源、发展、特点、功能、分类等。

第二,实际应用研究。应用研究内容主要为其在市场经济环境下的应用、与国际体育的关系等方面。

第三,跨学科研究。跨学科研究的主要内容为与民族传统体育紧密相关的文化学、经济学、养生学、运动医学等。

(2)我国民族传统体育理论体系结构研究的主要问题。

第一,缺少研究对象。从目前对民族传统体育方面的研究现状可知,主要的研究内容集中在理论层面,而关于应用层面的研究则非常稀少。

第二,缺少研究人员。坦言说,民族传统体育这一学科的确属于冷门学科,且是一个新兴学科。目前有资历、有能力从事相关内容研究的人才非常稀少,现有的研究人员也更多是高校教师和国家体育总局的工作者。缺少研究人员,注定会限制相关研究工作的进展和研究水平。

(二)我国民族传统体育其他理论研究的发展

1.我国民族传统体育的内容与分类研究

我国民族传统体育拥有形式多、数量大、分布广的特点。为此,研究其分类和内容的角度也应该是多样化的。

总体来看,我国众多学者对民族传统体育的内容和分类进行的研究,是在各种认知水平下完成的。认知上的差异导致研究过程中学者寻找到的参照物就不同,常见的参照物有民族、地理、项目数量、价值功能等。从这些丰富的参照物中也能体现出我国民族传统体育内容与分类的多样性,即便其中有些内容看似有些繁乱,但总体来说仍旧对我国民族传统体育学科的理论研究和项目发展起到积极的辅助作用。

2.我国民族传统体育的比较性研究

我国民族传统体育带有非常浓厚的中国特色。民族的也是世界的,只有民族传统体育不断发展,表现出十足的自信,才能在世界体育中占有一席之地。同样,民族传统体育的发展也离不开世界体育,两者互相联系、互相促进。这就使得民族传统体育的比较性研究富有实际意义。

现如今,我国许多学者都开始注重对民族传统体育与世界其他形式的体育运动之间的比较研究。其对比的主要内容有中西方体育项目的内容、特点、价值、传播方式、发展规律等,以此来衡量我国的民族传统体育在世界体育中所处的位置,以及吸收其他体育形式的优势,完善和重塑我国民族传统体育的体系结构、内容、规则等元素,从而推动其获得可持续发展。

3.我国民族传统体育的现代化研究

我国民族传统体育的发展已经有千余年的历史了,其是从原始社会便开始萌生的,然后历经奴隶社会和封建社会一路发展到今天。它是在特殊社会发展环境下的产物,随着时代的变化而有所不同,这也要求其自身发展要符合时代进步的要求。在科技发达的今天,只有进行现阶段与长期发展相结合的可持续发展战略研究,才能够真正实现在新时代民族传统体育的进一步发展。

我国是由56个民族共同组成的多民族国家,国家一贯关注各民族的发展,许多重点工作也是围绕这一主旨展开的,其中就包括对民族传统体育的保护与弘扬,同时也高度重视民族传统体育与文化、经济、社会的共同发展。通过不断努力后,使现如今我国民族传统体育的发展迈向新的高度,更多学者将研究的目光投向这个领域。在我国社会主义现代化建设的关键时期,对民族传统体育的研究首先应致力于制定科学的、有效的发展策略和政策,并将民族传统体育事业的发展融入我国社会主义现代化建设中,使其与社会协同发展,密不可分。

二、民族传统体育的项目发展现状

(一)健身、娱乐类项目的发展

民族传统体育具有非常显著的健身性和娱乐性特性,这点与大多数体育运动项目的特点是一致的。这种特点的存在与民族传统体育在早期的功能有关,那时候这些活动的创造就是为了满足人们的娱乐需求,后来又加入了人们的健身需求。在长期的发展过程中,那些具备更好的健身与娱乐功能的民族传统体育项目与历史和社会发展的潮流契合得非常理想,如此就更加顺利地与大众的生活融合了起来。除此之外,我国幅员辽阔,区域经济差异较大,这使得我国各地区、各民族的健身类、娱乐类传统体育项目的活动形式、社会地位和发展状况等方面的差异性也逐渐增大。

1. 以地域发展为主的项目

以地域发展为主的民族传统体育项目与当地的风俗传统紧密关联,从而形成了浓厚的民族特色。因此,这类运动项目的开展只在当地,其他地区的普及程度较低。例如,壮族的拾天灯、苗族的爬花竿以及蒙古族的叼羊等。

2. 以节日、集会为主的项目

以节日、集会为主的民族传统体育项目其形式主要为节日或集会庆典中的重要内容,其是民族文化的一种重要体现,作用为营造节日、集会的气氛,增添民众的欢快情绪。例如,蒙古族的那达慕大会、苗族拉鼓节、潍坊风筝节等。

3. 以地方协会组织为主的项目

以地方协会组织为主的民族传统体育项目,通常为由社会不同团体成员组织的活动,这是一类社会活动形式。这类活动项目的主要作用为锻炼人们身体、愉悦人们心理,凝聚民族向心力。例如,登山协会组织的登山活动、武术协会组织的武术擂台大赛、围棋协会组织的围棋对弈等。

4. 大众流行的健身娱乐项目

大众健身和休闲娱乐是多数民族传统体育项目开展的意义。为此,这类项目应具备场地易寻、组织便捷、器材简单、参与轻松等特点。此类民族传统体育项目如果发展得好,甚至会被其他民族群众接受并广泛参与,最终成为全民健身的优秀项目。例如,传统武术、中国象棋、放风筝、跳绳、荡秋千等。

(二)竞技、表演类项目的发展

我国民族传统体育项目在发展过程中处于不断的变化中,同时还会受到西方竞技体育的影响从而出现一些"衍变",突出的表现就是竞技属性的大大提升。西方体育始终秉承奥林匹克"更快、更高、更强"的竞技体育宗旨,看重比赛的胜负以及运动员追求卓越的能力。当这一宗旨与民族传统体育项目结合后,这些项目也开始向西方体育模式靠拢,成为一项竞技性很强的项目。

我国很早就举办了全国民族传统体育运动会,这是少数民族体育的盛会,在国内体育赛事中有较大反响,这是展现民族传统体育的完美舞台。

不仅如此,我国还有很多综合性运动会中设置有民族传统体育项目,这也是此类运动展示自我魅力的舞台。一直以来,党和政府就非常关心民族传统体育事业的发展,并为此出台了一系列政策,一些竞技性较强、表演价值较高的项目较早地走进了各种类型的运动会,甚至有了专门的单个民族传统体育项目的运动会,如武术大赛、舞龙舞狮比赛、龙舟比赛、摔跤比赛等。在经过一段时间的发展、完善以及创新后,还出现了一些较为新颖的带有显著竞技性色彩的民族传统体育项目,如太极推手、太极柔力球、毽球等。国家体育管理部门为了促进这些新兴项目的发展,不断修改和制定各项目的竞赛规则和组织方法,使运动项目更加系统和公平,参与性更强。

目前,在多方面因素影响下,以竞技和表演为主的民族传统体育项目的训练工作主要由各省区专业队、省市竞技体校、院校表演队和省市民族传统体育项目训练基地组织开展。然而整个训练体系建设尚未实现科学化和系统化,相比之下,武术作为开展较早且较好的项目,其训练是最为科学系统的,其他项目与武术相比还有较大差距。为此,改变以武术等少数项目为重点发展的尴尬局面很有必要,其举措在于大量挖掘其他具有竞技性的民族传统体育项目,全面建立科学合理的训练体制,力求使更多项目在保留自身民族特色的基础上,还能适应当前运动项目对竞技化发展的需要。

(三)学校教学类项目的发展

我国民族传统体育中的许多项目对于大多数人来说都是简单易学。通过参与这类运动可以有效促进身心健康水平以及社会适应力的提升,鉴于这些优点,将相关项目引入到学校体育教育内容中是非常有必要的,这对于学生的全面发展和提升校园体育文化水平来说都具有积极作用。另外,这也是弘扬民族文化,凝聚民族向心力的良好方式,还是民族传统体育文化传承的重要手段。

现如今,学校也更加注重民族传统体育项目的引进,这使得更多适合学校体育教学开展的项目引进得到了落实。甚至在一些涉及教育的纲领性文件中,都对此给予了规定,如《九年义务教育体育教学大纲》中将武术、八段锦、五禽戏等项目列入全国中小学体育教学中。此外,许多高校也将一些民族传统体育项目列入了教学内容当中,此举无疑丰富了学校体育项目课程教学的内容。

经过研究后发现,如果是以地域发展项目为例的话,民族传统体育在学校体育中的发展有如下特点。

(1)汉族是我国的主体民族,其所居住的范围较大。位于汉族地区的学校,其民族传统体育活动的发展主要是那些普及度较高的项目,如最为常见的跳绳、拔河、踢毽子等。此外,为了让学生能够更好地了解我国民族体育的多元性文化特点,也会选择一些其他民族的优秀项目作为体育教学的内容。

(2)处于民族地区的学校其所选择的项目也多为本地区民族传统体育项目。例如,我国内蒙古地区的学校所选择的项目有摔跤等;朝鲜族地区的学校所选择的项目有荡秋千等;西藏地区的学校所选择的项目有藏族舞蹈等。

从目前学校民族传统体育项目开展的情况来看,所开展的教学项目有明显的地域差异性。如此情况会使得学校开展的相关项目教学表现出"各自为战"的现象,这明显是不利于民族传统体育项目的发展和广泛传播的,特别是对那些地域特征极为明显的项目的传承更是不利。为了解决这个整体性发展的问题,各地区和学校之间应尽量在项目选择和教学形式上努力沟通和协调,这对于民族传统体育项目在校园中的开展是非常关键的。

第二章　新时代少数民族传统体育多元价值体现

少数民族传统体育之所以能够在漫长的发展历史中经久不衰,而且随着时代的变迁与社会的发展,依然能够在中华民族大地上屹立不倒,主要是因为其具有多元的价值与功能,如经济价值、教育价值、文化价值、社会价值等,充分实现这些价值,对构建社会主义和谐社会,促进全民健身事业发展,提升国家文化软实力等都具有重要意义。为此,本章主要就对新时代背景下,少数民族传统体育多元价值体现的问题进行研究。

第一节　少数民族传统体育经济价值与国民经济

一、少数民族传统体育促进国民经济发展的价值体现

从社会层面来看,民族地区的经济发展水平决定了少数民族传统体育发展的速度与规模。反过来,少数民族传统体育的发展也会给当地社会经济带来助力作用,其具体表现如下。

（一）少数民族传统体育带动第三产业发展

随着我国社会经济态势良好,人民的生活水平和生活质量也逐渐提高,可支配收入逐年上涨。为了进一步提升生活质量,人们越发偏爱参与一些多样化的休闲体育活动,其中就包括形式多样的少数民族传统体育运动。这些项目拥有浓厚的民族风俗性、地域风情性、观赏体验性等特点,人们在参与其中时可以满足求健、求知、求乐、求心的身心需求以及感受民族风情和民族文化。因此,毫不夸张地说,少数民族传统体育产业在我国第三产业经济增长中的比重越来越高,为地区经济的发展带来了勃勃生机。

目前,少数民族传统体育竞赛活动的开展,在一些地区已经成为了推动地区经济发展的常见模式。例如,广西壮族自治区人民政府就充分利用

了第5届全国少数民族传统体育运动会举办的契机,开创了将运动会与市场经济相结合的先河。在运动会进行期间,官方引领多项招商引资的洽谈会,其成果为直接成交额约31.8亿元,获得投资4.06亿元,获得经济合作项目50余个。相比于该届赛事所投入的3 375万元来说,所获得的收益已远远超出这个数字。

如果是从商业价值的角度来考量的话,少数民族传统体育本身就具有十足的潜力。具体到咨询、培训、服务项目来说,可提供的有与少数民族传统体育相关的赛事活动、体育表演活动、活动门票、吉祥物销售、纪念品销售、电视转播费、广告费、体育器材、运动服装等。上述这些产品或服务无疑会给社会经济带来一定收益。实际上,作为第三产业中的一部分,少数民族传统体育旅游业的发展是有较大意义的,其旅游资源的吸引力也是不容忽视的,这种吸引力得益于它所具有的健身、休闲、观赏等多方面价值。因此,深度开发少数民族传统体育旅游资源,是有效提高第三产业经济发展和服务能力的重要举措,理应受到更多的重视。

(二)少数民族传统体育促进区域经济发展

现如今,以组织和开展少数民族传统体育竞赛活动的方式,来推动区域经济发展已成为重要的产业和文化发展举措。以山东潍坊的风筝节为例,该项活动自20世纪80年代举办至今,已形成了较大的规模,富有浓厚的当地特色。活动期间,经常能吸引几十个国家和地区的风筝队前来参赛,在此过程中洽谈的一系列商务合作项目的成交额也在逐年上升。该项活动在当地已经形成了比较成熟的"风筝牵线、文化搭台、经济唱戏"的区域经济发展模式。

广西地区也曾充分利用第4届全国少数民族传统体育运动会举办的契机营造经济洽谈的舞台,唱了一场轰轰烈烈的振兴民族经济大戏,使全国少数民族传统体育运动会,逐渐成为闪闪发光的文化品牌与区域经济发展的推进器。以此作为良好的开端,在此后的历届民运会中,各举办地都纷纷深度挖掘少数民族传统体育带来的经济价值,同时也借此良机带动整个民族地区基础设施和体育设施的建设,推动该地区经济水平的提升。

综上所述,如今的少数民族传统体育已不能将其视为简单的民间娱乐活动了。在此基础上,还应将其看作为民族地区旅游产业和特色经济中的重要资源和文化资本,并在其宣传和媒介作用下,为我国少数民族地区的扶贫致富工作发挥更大作用。

（三）少数民族传统体育促进劳动力素质提高

在今天，我国社会各方面事业都处于不断进步中，但同时也面临着人口老龄化的局面。人口老龄化带来的直接问题就是劳动力结构的改变，主要为劳动力缺乏。这一结构变化会影响产业结构的升级和优化，进而对社会经济的发展产生阻碍作用。为了解决劳动力合理结构被打破而带来的问题，需要对传统意义上的人力进行教育"升级"，将人力转变为人才，突出培养劳动力的质量。事实证明，只有高质量的劳动力，才能满足现代技术集约程度较高的产业发展需求。少数民族传统体育在这里面，就有提高劳动力素质的作用。

需要说明的是，所谓的劳动力是指人们征服和改造自然的能力。由此可以引申出，劳动力是一种对某种使用价值进行生产时所需要的体力和智力的总和。这里还要说明一下劳动力素质的内容，其包含身体素质、劳动技能素质、文化素质和思想道德素质。其中身体素质是基础，其他素质的建立都要在这个基础上进行。

对于我国众多少数民族群众来说，在过去很长一段时期中，他们的主要社会经济活动都与渔猎、游牧、农耕和养殖有关。可以看到，这些社会生产活动对人们的体力都有较高要求。为此，为了能够成为合格的劳动力，各民族人民都致力于培养过硬的身体素质，同时练就熟练的生产技能。从经济学的层面来看，构成生产力的三要素为劳动者、劳动对象和生产工具。在这三要素中，劳动者是最为核心的要素，其表现得最为积极，他是另一个生产要素——劳动工具的创造者和使用者。由此看来，劳动者的精力和体力就成为了决定他们工作效率的重要条件。少数民族传统体育活动是人们喜闻乐见的项目，经常参加这类活动有助于提升劳动者的身体素质，甚至有些活动本身就带有一些劳动技能教学的功用，这些无疑会促进劳动生产率的提高。例如，我国北方游牧民族在狩猎时经常骑马，于是在当地许多传统体育运动中都以马作为工具，开展的项目有赛马、骑技等，经常参加这类运动有助于提升劳动者的骑马技巧；南方地区的民族体育项目中有许多是在水上或水中进行，如渡船、泅水等，经常参加这类运动的劳动者自然就提升了自己的水性，使其在日后的水中生产活动如鱼得水。

劳动生产活动必定是一种消耗精神和体力的事情，其结果就是产生疲劳。当劳动者出现疲劳后要及时采取各种消除手段，使其尽快恢复体能和精神，如此才能更好地加入到下一次劳动生产中。而恰恰少数民族传统体育活动中就蕴含了娱乐性、休闲性的特点，不论是观看还是亲身参与，它都可以有效缓解劳动者的身心疲劳，进而达到振奋精神、愉悦身心、丰富文化生活的目的。

二、发展少数民族传统体育旅游,推动国民经济发展

(一)少数民族传统体育与旅游业的结合

我国旅游产业的构成好似一条链条,少数民族传统体育就是其中的一支,它以一定的体育旅游资源和体育设施为基础,以旅游产品的形式出现和销售,为购买者(游客)提供相应的健身、休闲服务。从专门的行业角度来讲,它无疑是旅游的一种形式,而从宏观角度来看,它是将各种形式的运动作为主题内容,以旅游形式组织开展的旅游活动。如此来说,这是一种体育与旅游的结合产物。

我国体育产业的兴起与蓬勃发展需要借助社会经济体制改革而实现,当然同时也不能缺少体育领域的改革。就少数民族传统体育来说,它与旅游行业之间的联系是非常紧密的,这种紧密的关联在于两者之间有许多共同的元素,如此使两者的结合变得更加顺利和理所应当。由此也注定了少数民族传统体育,在未来发展方向必然要与旅游业开展更多深度的战略合作,这是发展的重点。

2008年奥运会在北京成功举办,这一运动盛会给我国许多行业带来的积极影响至今仍然存在,当然这其中就包括体育旅游业。在奥运会的影响下,各类大型体育赛事更多在我国举办,相应地带来了以体育为主题的旅游活动,这也为深入挖掘少数民族传统体育的旅游价值带来了千载难逢的契机。

发展到今天,我国民族地区的旅游产业已经初具规模,有些产业运作良好的地方,甚至还形成了一定的品牌效应。不过,发展过程当中遇到的问题仍旧较多,如旅游活动的民族特色不足、旅游服务质量低下等。要想解决这一问题,就需要在项目设立时予以综合考虑,如为解决民族特色不足的问题,可选择更加有特色且具有可行性的项目,风筝、摆手舞、龙舟竞渡、刀梯绝技等都对游客很有吸引力,且与其他民族风情有着紧密联系。但就目前我国少数民族传统体育旅游发展来说,许多产品的价值还未被重视,更不要提挖掘了。这也证明了相关产业的发展事务还没有形成统一的布局和规划,而那些已经开发的旅游资源,基本是各地方各自为战,无论是其开发的产品还是提供的服务都显得质量较低;一些项目也只是在一些特定景区中开展一些表演活动,对少数民族传统体育的内涵和特色缺乏深刻的挖掘,所以并未形成特色和规模效应。在少数民族传统体育旅游业的改

革与发展中要不断解决上述问题。

(二)少数民族传统体育旅游的发展契机

少数民族传统体育旅游活动在现今逐步让更多人对其有了了解和认可,相关活动在近些年来的开展数量也是与日俱增。在开展过程中,我们可以肯定对少数民族传统体育资源开发的意义和深远影响。旅游活动本身属于一种文化交流活动,人们通过去往其他地区感悟他方文化,是丰富自身综合素质的重要方式,同时旅游活动也能为不同社会群体以及民族传统体育文化的交流创造条件。由此可见,旅游经济的发展的确为发扬少数民族传统体育文化提供了不少帮助。

从旅游活动实践中可知,游客最为期待在少数民族传统体育游中体验独具特色的民族风情。游客的需求,就是旅游产品开发者要做的工作,为此,要格外利用好民族特色这一宝贵资源,产品的开发点也要坚持建立在这上面。事实上,在旅游活动中以物质的、非物质的形式展现的少数民族传统体育文化也是对该文化的发扬。

综上所述,可以认为旅游产业的发展确实给少数民族传统体育的发展带来了宝贵契机。如果能充分抓住这一契机,无疑会极大地推动少数民族传统体育旅游业的发展。

(三)少数民族传统体育旅游市场的开发

1. 适应居民消费发展趋势,调整产业结构

现代人的生活水平不断提升,为了满足人们的消费需求,市场也做出了相应的结构调整,变得更加多样化与高级化。这就需要我们努力调整产业结构,就旅游行业来说就要积极建立和完善以旅游为主导的支柱产业群,从而形成相互促进、共同发展的产业链。包括少数民族传统体育旅游在内的我国旅游产业历来具有优质的资源,但欠缺的是开发眼光和开发质量。在如今国家愈发注重第三产业发展的大背景下,少数民族传统体育等旅游类消费的生存空间大增,发展前景也更为光明。

2. 建立和完善少数民族传统体育旅游市场体系

我国西部大开发战略的实施切实,对我国广大的西部地区各方面事业的发展带来了不少助力。西部地区历来是我国众多少数民族的聚居地,该地区也创建了一些旅游产业,旅游业收入已经占当地经济收入相当大的比重。然而这些地区的旅游产业结构至今仍存在较为单一、形式相似、服务

质量不高等问题。为了解决这些问题,应该致力于建立和完善少数民族传统体育旅游市场体系,使之门类齐全、层次有序、结构合理。

3. 注重采用原生态的开发方式进行开发

当今世界总体经济水平大涨,交通也越发便捷。这些条件的改善都大大推动了旅游业的发展。借此契机,我国少数民族地区的旅游产业也分享了发展的红利,获得了良好的发展前景。鉴于我国地域广阔和少数民族地区相对封闭的情况,其民族基本生活方式和文化较好地保留了下来。各民族人民长期在本民族地区生产和生活,已经与当地各种环境有了最佳的融合,如此就逐渐形成了极具民族特色的人文生态旅游资源,这一资源涉及民族群众生活中的许多内容,如生产、饮食、社交、民居、节庆、丧葬等。综观当下的旅游产业,从业者越发提倡"人性回归自然"的理念,以引导旅游消费者在旅游过程中关注自身与自然的亲近以及感悟旅游地的文化。少数民族传统体育文化这种地区原生态文化的代表,无疑在展现民族风貌和文化吸引力方面占有得天独厚的优势。因此,在对这类体育旅游资源进行开发时要同时注意对其进行保护与传承。

(四)少数民族传统体育旅游的发展策略

1. 创建少数民族传统体育旅游品牌

对于制定区域化少数民族传统体育旅游资源的开发策略来说,最急于改变的就是目前相关行业"喊得响,做得少"的现状,以期早日促使民族地区形成传统体育文化旅游业的核心地带。尽管近些年来我国一些民族地区的体育旅游业的发展有了长足进步,但问题也更突出的显现了出来,如体育旅游资源相似性较大、资源互补不足、资源开发相对分散等。需要明确的是,进行区域化开发和创建旅游品牌的基础是资源质量、数量和规模,然后才是筛选出更加适合发展体育旅游业的区域,成为民族地区体育旅游业的核心地带。为了更好地创建少数民族传统体育旅游品牌,可以从如下几方面做起。

(1)深入分析我国少数民族传统体育旅游业的发展现状及前景,谨慎判断体育旅游行业在未来的发展趋势,认真选择少数民族传统体育旅游业的核心地带,并根据民族特色选择好表演活动,进而对这些活动集中开发和宣传,以此逐步形成品牌效应。

(2)率先重点挖掘、筛选、改良、包装可以更好吸引游客的少数民族传统体育项目,提供给游客良好的观赏服务,并且将一些游客反响良好的,有利于推广的项目尝试移植到其他地区开展,如此实现少数民族传统体育资源的互补和效益双赢。

(3)重视做好区域民族传统体育旅游业的宣传活动。对于任何领域事业的开展都不能缺少必要的宣传运作。一个好的宣传能让事业的发展事半功倍,而不理想的宣传则不能收到预期的效果,甚至还会带来反作用。为此,许多旅游业从业者都在宣传运作方面大做文章,投入大量资金,力求创建一个知名品牌。就少数民族传统体育旅游的宣传来说,要注意突出少数民族的文化特征,以此能让人们更清晰地将其与其他旅游活动区别开来。

2. 建立相关旅游中介,实现产业经济相互驱动

设立专门运作少数民族传统体育旅游的官方旅游管理机构,并将当地体育系统和民族文化系统中的人员引入到这个机构当中任职,由此构建出一个由官方创办的体育旅游中介组织。该机构应组织人员充分对本地区的民族传统体育旅游资源进行调查,了解其现状。此外,还应充分分析旅游产品消费者或潜在消费者的旅游意向和需求,最终确定若干有特色、有吸引力、有影响的民族传统体育旅游主题与形象。同时,该机构还要进行少数民族传统体育比赛和表演的策划、组织工作,以使区域少数民族传统体育的资源优势能够切实向旅游经济优势转化,最终实现盈利。

3. 培养复合型旅游从业人员

就众多旅游产品来说,少数民族传统体育旅游无疑是一个新兴"品种"。长期以来,体育和旅游是两个独立的事物,彼此之间并没有多少联系。旅游从业者也几乎没有思考如何将体育与旅游相结合,如此就更不要提少数民族传统体育与旅游的结合了。如此一来,当真地出现少数民族传统体育旅游这一新型旅游品种后,由于早期缺乏相关认识,导致现有旅游业决策者和从业人员缺乏对这一事物的系统认识,就此在具体的运作上也遇到了一些棘手的问题。为此,培养复合型旅游从业人员就变得非常必要和迫切。具体应从如下几个方面着手培养工作。

(1)坚持引导旅游从业者收集国内外旅游相关信息,及时获悉行业发展动态,开阔视野。

(2)引进有过从事少数民族传统体育工作经验的人士加盟到旅游业中。

(3)引导体育专业院校对民族传统体育和社会体育专业的培养中,增加体育市场营销和体育旅游产业等教学内容。

第二节 少数民族传统体育教育价值与学校教育

一、少数民族传统体育的教育价值体现

关于少数民族传统体育在内的体育运动给人带来的教育作用,在马克思主义教育理论著作中就曾有提到过。马克思认为体育教育是教育的重要组成部分,是培养全面人才的关键。我国的少数民族传统体育的教育价值已经被认可,其表现为已被众多学校纳入体育教学内容之中。这里对少数民族传统体育教育价值的探讨主要是从宏观层面进行的。

少数民族传统体育是传播价值观的理想载体,之所以这么说,是因为其运动具有群众性、技艺性以及礼仪性等特征,这些都是给大众施加教育影响的优秀内容。特别是对于学生来说,参与少数民族传统体育运动可以激发他们的民族情感和爱国热情。在少数民族传统体育运动本质的影响下,其影响范围不断扩大到社会许多方面和不同群体之中,如此教育价值所带来的积极影响甚至超过了少数民族传统体育运动本身的价值。例如,在大型少数民族传统体育比赛中,参赛运动员要身着本民族服装,并且在赛前或赛后还要安排相应的仪式等活动,这足以表明其不仅仅是一项体育比赛,更是一项文化展示活动。这样无疑会增加民族传统体育运动员的民族自豪感。现如今,信息随着互联网技术很容易就能传播到世界任何角落,为此应努力使我国少数民族传统体育运动演变成具有感染力且传播速度极快的精神力量。当人们可以更便捷的收看到比赛,获得更多的相关信息后,少数民族传统体育运动及其教育价值便会与人们的生活有更多的联系,如此也让这种教育价值更具存在的意义。由此可见,少数民族传统体育的确对社会多方面都有着广泛的教育作用,值得深入挖掘。

二、少数民族传统体育融入学校教育的重要性、必要性及可行性分析

(一)少数民族传统体育融入学校体育的重要性

体育的形式众多,学校体育是其重要的组成部分,而学校之于体育活动来说好似摇篮一般,其是原始体育形态向科学化、规范化和普及化转变

的必经之路。许多国家早已发现了学校体育对体育运动发展的意义，甚至将许多运动的教学与训练活动移植到学校中开展，其为国家未来体育的发展带来的效果是非常显著的。

现代我国教育部门和众多学校都不遗余力地大力宣传和开展少数民族传统体育，使其在体育教学内容中的比重逐步提升，此举不仅对少数民族传统体育项目起到了极大的优化作用，更重要的是它还说明了原始体育形式在21世纪的今天仍旧有"用武之地"，在教育领域中发挥独到的作用。这种作用在少数民族地区中的学校更能显现，这不但有利于引导学生了解和参与传统体育运动，提升学生身心健康水平，还能在一定程度上缓解学校体育资源匮乏的不足，可谓一举多得。

鉴于受社会经济以及历史背景等因素的影响，我国少数民族传统体育的发展可谓较为缓慢的，甚至有很多项目的发展停滞了下来，亦或是消失了，如此就更不要提其与学校教育和体育教育之间的结合了。在众多民族传统体育中，传统武术的开展应该是最好的，普及性最广，也是最早纳入学校体育教育之中的，但其在学校体育教育中的发展依旧长期处于举步维艰的地步中，受到西方体育项目的"打压"是常态。在此氛围下，传统武术在校园中的开展也不免开始"西化"，增添了不少竞技色彩。当民族传统体育脱离了本质思想后，定会丧失原本拥有的人文教育内涵。

早在20世纪90年代，"体育与健康"的价值理念就已经在学校体育教育领域中确立，在21世纪的今天，这一理念更加得到教育工作者们的认可和推崇。将少数民族传统体育项目引入学校体育之中，不但能充实学校体育教学内容，还能缓解体育资源匮乏的现状，更重要的是，其能增加学生的健康存量，教学效益和影响可谓深远。由此可见，将少数民族传统体育引入到学校体育之中对双方面来说是双赢的，重要性也是不言而喻，具体来说，其重要性体现在如下方面。

1. 少数民族传统体育促进学校素质教育的实施

素质教育理念在当前的学校教育中已经被置于相当高的位置上，各学校也都在努力践行这一理念，为此也做出了诸多有益的探索。包括少数民族传统体育在内的体育教学始终是素质教育理念的有力落实点。组织开展种类多样、内容丰富的体育教学活动无论是对学生的身体健康、心理健康还是社会适应能力的提升都有诸多益处，是学生追求全面发展所必须接受的教育内容。

少数民族传统体育已经成为学校体育教学内容中的组成部分之一，其具备多样化功能，并且蕴含着丰富的社会文化现象。如此来看，其也非常符合素质教育的理念要求,给培养学生多方面素质带来了巨大帮助,尤其是在塑造人的性格、提升综合素质等方面更是显著。在我国传统文化思想观念的多重作用下,通常会认为提升思想境界比强健体魄更为关键,而少数民族传统体育运动恰恰准确地将着眼点落在这里,使它和德育、智育共同发展成了提升学生身心素质的关键部分。我国文化历来要求人要实现修身、齐家、治国、平天下的愿景,但这需要以修身养性和提高德性为基础,这不仅反映出悠久的东方文明内涵,也培养和提高了人的优良道德品质。就此来说就足以称得上是完美的思想道德教材。除此之外,少数民族传统体育中蕴含的多种文化内涵也是对参与其中的学生的一种人文教育。

2. 少数民族传统体育有效推动学校体育教学的改革

目前我国大多数的学校体育教学,是以教授运动项目的技术为主要内容,这种几乎与竞技体育运动训练差别不大的教学方式,没有很好地将竞技体育与学校体育相区分,使学校体育教学显得过于严肃,并不适合学生体育兴趣的养成。长期在如此氛围下进行的体育教学,会让那些本喜欢体育的学生不愿意上体育课,而教学内容的单一以及形式的呆板,都会降低学生参与教学活动的积极性,如此使本应轻松活泼的体育课堂显得沉闷。

少数民族传统体育具有的诸多特点以及其蕴含的民族文化正是学校体育教学追求的方向,其始终坚持"天人合一"的养身哲学以及"以人为本"的体育观,注重活动的休闲娱乐性,项目种类多样,组织便捷等优势不仅利于学生参与,还利于学校组织开展。由此可见,想方设法将这类优秀的体育内容融入到学校体育之中是一件多么利生利校的事情。这样一来,一方面可以使学校体育焕发活力,重塑"形象",实现教学内容多元化,提升学生参与体育教学的主动性,另一方面还可以使学生在教学过程中潜移默化地接受民族文化教育,进而从身和心两个方面一同获得良好体验,如此无疑对学生的综合素养提高带来莫大帮助。

现如今,素质教育理念指导下的体育教学始终贯彻快乐式教学模式,以培养学生终身体育意识为己任,全面提升学生综合素质水平。少数民族传统体育与学校体育的融合,注定是有效推动学校体育教学改革的有力推手,从而助力学校从应试教育向素质教育的全面转轨。

3. 少数民族传统体育促进学校全民健身计划的实施

我国在20世纪90年代中期颁布了《全民健身计划》及其具体条例。这一伟大的、对我国大众体育具有深远影响的全民健身计划,首先将实施对象定位为全体国民,然后选定儿童和青少年作为计划实施的重点群体,相应的,学校就成为了实施计划的突破口。不过在实施过程中,由于受到不同地区的经济发展不均,有些地区经济条件不允许的制约,如偏远山区学校、少数民族聚居学校等,都会因为场地、设施、师资力量等资源缺乏,而对落实体育大纲和体育教材内容深感乏力。因此,面对现实情况,以学校体育为主要突破口的全民健身计划,还要注重地区差异,力争早日建立有中国特色的学校体育教学体系以及理论体系。

可以尝试的好做法是根据学生实际需求,选择一些符合学生生理、心理特点、易于接受和开展的娱乐性少数民族传统体育项目,在众多学校中普及和推广,积极推动少数民族传统体育项目进课堂,同时在课外活动中也要适当安排。与此同时,注重对学生终身体育意识的培养,并在能力培养方面教会学生几项少数民族传统体育健身方法,通过学生有效带动周边群众体育活动的顺利开展,推动学校体育和社会体育的顺利接轨,对实施全民健身计划发挥积极作用。

4. 少数民族传统体育对人们终身体育意识的影响

终身体育要求下的学生的体育学习活动不是非要确定某一个时间、某一个项目、某一种形式、在某一个地点来开展体育活动,而是要将学校体育、家庭体育和社会体育等各种体育形式联系在一起,使学生获得一种连续接受体育教育的保障,并且要求这一保障要适合学生自身的实际情况。通过对少数民族传统体育的剖析可以发现,其更多是将个人与自然及社会的和谐作为首要目标,这一点与终身体育的目标和理念几乎是相同的。对于培养学生终身体育意识和能力来说,最好的场所就是学校,而少数民族传统体育项目特有的民俗色彩,也必将为学生终身体育的发展提供保证。

(二)少数民族传统体育融入学校体育的必要性

少数民族传统体育是民族传统文化的重要组成部分以及传承载体,其具有显著的、多样化的民族文化特征,以此展示我国各民族的价值观、伦理观和民族情感,它凝聚了我国各民族群众的智慧,是世界文化宝库中的瑰宝。现如今,不只是我国民众对少数民族传统体育中蕴含的多元文化有所推崇,甚至更多的外国人也开始逐渐对这一领域的文化予以认同、了解和接受,如少数民族传统体育中蕴含的生命观、健康观、养生观等。除此之外,少数民族传统体育拥有独特的功能以及可操作性极强的教育方式,也让其在学校体育中的开展变得富有价值。再加上我国学校体育资源向来紧缺的现实,使得便于开展的少数民族传统体育进入校园更具教学实施优势。

少数民族传统体育运动进校园的影响是深远的,它不仅仅体现在学生学习几项运动技能上,更大的意义还在于它能对社会秩序的维护、稳定环境的形成带来益处,同时这也是培养学生民族自信心、爱国主义精神的重要方式。在目前学校少数民族传统体育项目的开展中,较为常见的武术、太极拳、舞狮等项目慢慢从形式和理念上渗透进学生的思维之中,这有助于打破他们头脑中对体育完全西化的思维,帮助他们形成中西方文化相互补充、彼此互动的良性效应。这里还要特别提到养生导引术的教学价值,对这类功能性十足的项目要予以大力挖掘,其意义在于它不仅能够让学生在学习之后有良好的身心体验,还能在一定程度上解决政府与学校对师生医疗保健、健身等投入力度较小的问题。

通过研究发现,现今我国的体育教育中设置的项目大多数为以西方竞技体育运动项目为主的内容,较少且单一化地设置有一些民族传统体育项目,如此看来对弘扬民族传统体育文化非常不利。要想打破这种局面,首先就要从思想意识上有所转变,重视少数民族传统体育,认可其教育价值。民族的就是世界的,这句话非常适合现代我国与其他国家在文化交流领域的实际。随着我国综合国力的日益增长,世界上已有越来越多的人想了解中华文化和中华民族,这一方面有助于我们掌握对现代化建设有积极作用的知识与经验,另一方面也是展示我国文化的窗口。青少年在这其中也要承担起发展国粹、弘扬民族精神的责任。尤其是在大力倡导素质教育、振奋民族精神、促进社会各领域全面发展的今天,让更多的少数民族传统体育项目走进校园将是所有学生、教育工作者乃至社会各界人士需要肩负的历史使命。

少数民族传统体育文化在学校教育中弘扬的主要是我国众多历史悠久的传统美德,从这点看来,不管是对学生的性格塑造还是人格培养,还是对推动社会物质和精神文明建设都具有重要的战略性意义。为此,教育领域中有关部门的人员务必要转变观念,深入理解弘扬少数民族传统体育的重要性和迫切性,制定可行性强的教育规划,力求以最短的时间实现目标。有一点还需要说明,那就是应帮助学生了解到少数民族传统体育的深切内涵,推动学生将更多精力用在了解和认识少数民族传统体育的规则、背景以及历史等方面,而不是仅限于学习几个运动项目。

（三）少数民族传统体育融入学校体育的可行性

众多教学实践表明,少数民族传统体育对学生的培养是较为系统和全面的,效果良好,甚至优于其他运动项目对学生综合素质所带来的影响。少数民族传统体育本身具有的特点与学生所处的年龄展现出的活泼好动、积极向上的身心规律相吻合,学生们是乐于参与到这样的活动中来的,不仅如此,它还能促使教师和学生的精神文化生活更加丰富,使师生的综合素质与生活质量不断提升。可见这类运动对学生的吸引力还是很大的。鉴于少数民族传统体育和学校体育乃至大众体育两者的实际需求基本一致,因此这类项目在各级各类学校中都愈发得到重视,并逐渐普及发展开来。

具体来说,少数民族传统体育融入学校体育的可行性主要体现在以下几个方面。

1. 普遍运动的参与性

为了说明少数民族传统体育的普遍运动参与性,可以将其与西方现代竞技体育项目进行比较。两者相比下,少数民族传统体育项目无论是在场地、设备的准备上,还是在技术动作和规则上,都更具有灵活性,其并没有竞技体育运动那样严苛且复杂的规则与规格。正因这种特点才使其非常便于在学校中面向众多学生开展,这不仅能够激发学生参与运动的兴趣,还有效解决了学校体育资源相对匮乏的问题。就拿珍珠球运动为例说明,通过参加这项运动,学生不仅能掌握球类运动的一些技术,还能建立起一个战术意识。将珍珠球与篮球相比,珍珠球的技术动作无疑比篮球技术的规范性程度要略小一些,这样的话技术动作就不会成为阻碍学生参与运动的门槛,学生就可以更自如地享受珍珠球运动带来的乐趣。

2. 教育的实效性

竞技体育的宗旨始终是追求卓越,妄图实现运动者更高、更快、更强的目标,其最终目的只有一个,那就是锦标,能摘得锦标的人才是实现了自我的运动期待。因此,在这种理念的影响下,参与运动训练的目的就是为了追求更好的成绩,所以这种运动训练的枯燥和艰苦是可想而知的。这对于运动员来说是行得通的,但如果学校体育也如此开展,则无疑摒弃了学校体育的本质。而与竞技体育相比,少数民族传统体育的理念更倾向于把人们对运动的参与放在首位,它并不完全看重最后的成绩,而是更多追求参与者身心的双修以及获得某种心理快感。举例来说,田径中的竞走运动与满族传统体育中的"雪地走"在开展形式上有类似的地方,但由于活动理念的不同,使得参与其中的学生不论是从学习过程,还是运动后的感觉都有很大不同,更多学生认为还是"雪地走"项目更加轻松和富有乐趣,由此可见两者间学生学习效果的差异。

3. 规范项目技术动作

通过研究少数民族传统体育的发展历程可知,其传承方式普遍为民族群众的口口相传和亲身示范。正因如此,在很长一段时间内,对相关运动项目技术的学习都没有一个系统规范。而一旦将这类运动引入到学校后,为了增强运动教学的可行性,势必需要对技术动作和规则予以规范,这是学校体育教学的需要。对少数民族传统体育项目技术动作的规范以及教材化,要遵循"收集—整理—规范"的过程,实际上这也会对少数民族传统体育更好的传承与发展带来帮助。

4. 提升民族精神内涵

少数民族传统体育是在我国众多少数民族人民在长期历史发展进程中凝聚的智慧结晶,它从人们各种实践生产生活中来,时至今日已经有了很长的传承史。具体来说,有些少数民族传统体育项目是先人对在与自然拼搏或合作中的感悟,也蕴含了不少对幸福生活的渴求,还有一些展现了民族一贯的宗教信仰和礼仪规范。将少数民族传统体育项目引入学校体育教学之后,务必不能只将教学着眼点放在运动开展上,而是要同时注重对项目中蕴含的传统精神内涵予以传授,如此便能使少数民族传统体育运动精神在继承和发展的过程中得到不断升华,让学生在教学过程中切实受益。

5. 配套教学活动

少数民族传统体育项目形式多样,许多项目由于是由不同民族创造的,因此风格可能差异较大,如果以内容性质为依据进行划分,主要有力量型、速度型、技巧型、智力型等。

力量型项目更多考验运动者的力量素质,当然其中也包含一些力量技巧,有个人项目和集体项目。摔跤、拔河等就是典型的力量型项目。

速度型项目更多考验运动者的速度素质,同时速度也是该类项目决定胜负的标准。这类项目种类较多,参与形式也多样,可有个人项目或集体项目。龙舟、划水等就是典型的速度型项目。

技巧型项目更多考验的是运动者的灵敏素质,身体的协调能力以及平衡能力等。武术和赛马就是典型的技巧型项目。

智力型项目更多是以棋、牌类运动为主,比拼参与者的思维能力。

当学校在引入少数民族传统体育项目时,要注意对不同类型运动项目的综合考量,使引入的项目类型丰富且全面,让学生通过参与项目学习获得身体多方面素质的锻炼,切实打造出与少数民族传统体育相配套的教学活动。

三、少数民族传统体育在学校教育中的弘扬和发展

(一)少数民族传统体育具备特殊的教育价值和健身价值

目前,经过系统调查和整理后,我国现代已知的民族传统体育项目共977项,其中汉族有301项,少数民族有676项。在众多少数民族传统体育项目中,许多项目兼具健身与教育功能。此外,少数民族传统体育本就蕴含着极为丰富的民族文化,运动项目本身是重要的文化载体。因此,参与这些活动有助于广大的青少年学生了解、学习、弘扬民族传统文化、风俗礼仪及伦理道德。

(二)弘扬少数民族传统体育文化,培养体育人才

我国的民族文化系统可谓是构成了一个庞大的系统。民族传统体育作为系统中的重要组成部分,是隶属于大系统中的一个子系统,其有着非常顽强的生命力,在我国各个民族的广阔土壤中生根发芽。少数民族传统体育向来是容易被我国民众所接受和喜闻乐见的社会文化活动,鉴于此,将这类群众基础雄厚的运动项目引入到民族地区学校的体育课堂中,对于弘扬和发展少数民族传统体育文化是再有利不过的了。

通过研究可知,少数民族传统体育中的许多项目带有一定的竞技性元素,从意志品质角度上说,一些项目还带有一定的危险性,只有勇敢的、不畏艰难、敢于争先的勇者才能参加。换言之,就是需要运动者具备一定的身体素质,在运动中,必然是那些既拥有过硬身体素质又掌握娴熟技巧的人更容易获胜。如果这些项目引入到学校之中,从而为锻炼学生的身体素质和勇猛的性格服务,则是再理想不过,如此也是为我国培养竞技体育优秀后备人才作出贡献。

(三)加强少数民族传统体育教学大纲与教材建设

要想将少数民族传统体育项目纳入我国学校体育教育内容之中,需要为此专门编制教学大纲,并做好相应的教材编制工作。为此,应注意做好以下工作。

第一,制定的大纲、教学内容及教学计划要兼具科学性、合理性、有效性和可操作性,以此落实开展少数民族传统体育教学工作中的各项事宜。

第二,选择的具体教学内容要符合学校体育教学的具体教学现状。如果是针对民族地区学校使用的教材,应注意结合本地实际选择教学内容,以及选择适当的教学方法。

第三,合理编写乡土体育教材,编写前要做足功课,了解当地实情和学校教学现状,以此保证所做的教材编制工作,在应用阶段的确可以发挥作用。

（四）重视培养少数民族传统体育教师和体育人才

对于众多的体育类学科来说,要想获得良好的教学效果,一个质量过硬、数量足够的体育教师队伍是必不可少的,只有高质量的师资,才能培养出高质量的人才,而就少数民族传统体育在学校中的教学来说同样如此。

目前,少数民族传统体育在我国学校体育中的重视程度与日俱增,但还没有到一个理想的程度,从事这方面专门教学的教师较少,更多是由体育教师凭借教学经验代理完成,并没有受到更多的专业训练。为了缓解专业教师缺乏的问题,应从体育院校的专业培养开始,如增加民族传统体育专门学生的招生比例,开办民族传统体育班或通过地区师范学校、体育中学为民族地区培养体育专业人才等。种种措施均是为了在最短的时间内提升少数民族传统体育运动指导教师的理论水平和专业技术水平,以期早日建立起一支素质过硬、理论水平高、技术水平高、教学水平高的少数民族传统体育教师队伍,进而为少数民族传统体育文化的弘扬与发展提供有力保障。

第三节　少数民族传统体育文化价值与人民生活

一、少数民族传统体育的文化价值体现

少数民族传统体育是传统文化中的重要组成部分,也可以说其是对我国的传统文化予以了充实和丰富,这是少数民族传统体育文化价值的一种重要体现。

（一）少数民族传统体育强化了传统文化价值

在21世纪的今天,世界体育运动是以西方竞技体育为主要内容的。在竞争理念的推动下,"更高、更快、更强"的价值观被人们所认同。随着全

球化趋势的蔓延,这种带有明显竞争色彩的运动理念也影响了我国的少数民族传统体育。但实际上,由于文化层面的差异,包括少数民族传统体育在内的民族传统体育,在漫长的发展历史中所形成的价值取向与西方体育理念存在较大的不同。

少数民族传统体育的理念为"健身修心、德艺双馨、成己兼善",这种理念的产生注定是受到我国传统文化的影响而形成的,由此也就展现出了少数民族传统体育所蕴含的诸多文化价值。

1."健身修心"

"健身修心"基于"天人合一"和"以人为本"的中国传统文化理念,其是一种对主客合一的追求。具体到少数民族传统体育活动来说,可以理解为其既可以作为强身健体之用,还能锻炼人的意志力,磨炼性格,塑造人格等,以此提升人的主体地位和价值。

2."德艺双馨"

"德艺双馨"是对参与少数民族传统体育的运动者的一种较高要求,既要求他们要有出色的运动能力,同时还要在做人的道德水准上向更高处看齐,从而使其达到至真、至善、至美的境界。

3."成己兼善"

"成己兼善"提倡个体要以群体和国家利益为重,在此基础上再寻求对自身的完善,如此才能真正做到"独善其身"以及"兼善天下"。从宏观上说,社会中的每一份子都应力争做到这点,才能使社会具有更大的凝聚力,随之也更加和谐。人们参加少数民族传统体育活动就是一个自我完善的行为,这是积累健康能量的方式,在这一基础上才谈得上报效国家。与西方竞技体育运动相比,他们更加看重个人取得的名次来达到预期目的,较少联系对群体或国家的利益。

由上可知,少数民族传统体育在丰富与充实传统文化、强化传统文化价值等方面的作用是不可忽视的。

(二)少数民族传统体育促进了传统文化的丰富与充实,是文化认同标识

民族文化的载体众多,不同载体的文化传承功效有所差异。身体也是一种重要的文化载体,对于民族文化的传承来说,以身体作为载体形式是再理想不过的了,这是由于身体所能展现出的是一种"动"的文化。人们对

掌握"动"的文化有着先天的优势,在最初的技术内容掌握之后,久而久之便形成了技术体系,并且在日后世代相传。如此延续下来,技术体系中的内容被不断完善和稳定,进而成为较为固定的行为模式,最终成为一种生动的、形象的文化表现形式,其对丰富我国民族传统文化具有促进作用。少数民族传统体育中,几乎所有项目都富含中国传统文化的因素,其能获得良好的传承基本都与这个因素有关,否则就难以持久流传。举例来说,蹴鞠运动在我国的历史时期中出现过,且风靡一时,但这项运动中包含的民族传统文化因素不足,这就造成在日后的传承中稳定性较低,最终被淘汰了;秋千运动在我国东北的少数民族地区开展普遍,再加上其富含传统文化因素,因而得到了长足的发展,直到今天。在众多少数民族传统体育中,要说最具有我国传统文化特征的要数传统武术。传统武术运动中蕴含丰富的哲学、宗教、艺术等因素,这些因素全都融入在各种技法和套路之中,以身体练武的形式来普及乃至传承文化。

少数民族传统体育文化无疑丰富了我国的少数民族文化,不仅如此,它还是中华民族重要的文化认同标识。在远古时期,人们经常以自称、图腾等符号来明辨自己的归属群体。少数民族传统体育文化实际上也是一种重要的身体符号,不同少数民族的传统体育文化符号不同,如此也能作为区分民族的标识。例如,摔跤是我国众多少数民族传统体育中的项目,然而即便同为摔跤运动,由于起源、规则、运动文化等方面的不同也会有些许差异,这些差异就是不同民族的标识。作为标识的少数民族传统体育对于民族群众来说是有很强凝聚力的,传统武术在今天甚至已经成为了代表中华民族的文化标识,在国际范围内都具有重要的文化影响力。

二、少数民族传统体育与民族传统节日的互动关系对人民生活的影响

少数民族传统体育文化中蕴含的许多价值都会对人们的日常生活产生影响,这在与民族节日的活动关系中有着更为显著的体现。

对于民族传统节日与少数民族传统体育的互动发展来说,要站在较高的层面上来看,并以科学理论为指导,不断挖掘、整理民族传统节日与少数民族传统体育的内涵,力求明确二者的发展关系。树立科学的互动发展观,采取有效措施最大限度地实现二者的融合、互动和互促,使二者向科学化、高效化的方向进一步发展。

民族传统节日和少数民族传统体育服务的是人民大众,这种功能属性决定了其必须是一种可持续发展的活动。民族传统节日作为一个民族的

重要标志之一,是可以在促进民族团结、经济繁荣和民族文化的传播及民族的凝聚力和战斗力的增强等方面发挥作用的。少数民族传统体育文化活动经常出现在民族传统节日之时,是一种显著的文化符号。经济繁荣能够使各民族人民的生活水平不断提高,而民族文化的传播可以使人们的民族文化素质提高。鉴于此,可以认定民族传统节日与少数民族传统体育的互动发展,对促进社会主义物质和精神文明建设十分有利,它给人民的生活带来的一直将会是积极的影响。

第四节 少数民族传统体育社会价值与全民健身

一、少数民族传统体育的社会价值体现

少数民族传统体育的产生和发展与我国民族传统文化有紧密联系,如今其在开展过程中发挥出了引人瞩目的价值,这些价值主要体现在如下方面。

(一)健身价值

一般情况下,少数民族传统体育活动的开展地点是一些地处偏远的民族地区。随着现代信息技术的进步和交通便捷度的大幅提升,将这些之前只有本民族才了解的运动项目推向了更广阔的平台,来到热爱运动的大众的视野之下,展现其不容忽视的健身价值,如此才能够有效提升国民身体素质,也间接提高国家的人才质量。

对于包括少数民族传统体育在内的体育运动来说,健身价值是一种基础价值。少数民族传统体育在锻炼人的身体的同时,还能对人的心理健康带来促进作用,其中备受人们喜爱的舞狮、抢花炮、秋千、踢毽子、赛马等项目都具有非常好的健身功效。这些体育活动形式都是经过不断发展和演变而形成的,参与性强,并且能够将娱乐性、健身性、休闲性充分体现出来,使人在活动过程中更加自由。

(二)消遣娱乐价值

我国少数民族传统体育形式多样,民族特色浓厚,并且其中大多数项目的起源为民间游戏。在一定的时间内,少数民族传统体育是各民族在相对封闭的自然与社会生活环境中,人们主要的休闲娱乐方式,能够使人的

心理情感得到调节,促进社会文化生活丰富多彩。在追求体育愉悦身心的时代,这种消遣娱乐价值更受人们的追捧。例如,跳绳、拔河、荡秋千、放风筝、踢毽子、武术等少数民族传统体育项目就以其显著的娱乐性吸引着更多人的参与和观赏。

另外,民族群体性活动的开展,不仅能够使各族群众的精神生活更加充实,还能促进人们之间的相互交往,使人们的幸福指数进一步提高,而这也可以看作是少数民族传统体育运动消遣娱乐性的间接体现。

（三）伦理价值

对少数民族传统体育运动伦理价值的分析,首先要阐明伦理的含义,可以从两个角度进行,一个角度是指在处理人与人、人与社会相互关系时应遵循的道理和准则,主要为人的情感、人生观、价值观等;另一个角度是指人与人之间符合某种道德标准的行为准则。因此在不同伦理道德指向下的少数民族传统体育的内涵也就不同。举个典型的例子,我国的传统武术一直注重推崇"武德",自古就有"未曾习武先习德"的谚语。由此可见,"尚武崇德"就是一种武术教育的基本准则。再如我国传统的养生导引术,坚持秉承"天人合一""内外兼修""形神兼备""阴阳辩证"等哲学理论。这些典型事例都揭示了东方哲学对少数民族传统体育的文化渗透。

少数民族传统体育项目的数量是非常多的,其中每一个项目本身都蕴含着一定的传统文化和伦理道德观念,均能够将人与自然以及人与人之间的和谐关系表现出来,以及表现出以义生利、勤劳勇敢的伦理价值观念。

（四）增强民族凝聚力的价值

少数民族传统体育是我国民族传统文化的重要形式,是全体中华民族认可的。其不仅能够体现鲜明的社会和时代内涵,还能够振奋民族精神、唤醒民族意识、增强民族自信心、维系民族情感、凝聚民族力量。在这些重要价值的驱使下,当前应进一步加快少数民族传统体育事业的发展,吸引广大群众加入到运动中来感受民族体育魅力。这对于民族团结、社会稳定与团结、构建和谐社会等都具有非常重要的意义。

今天我们所追求的和谐社会,实际上属于一个多元化社会,它突出体现出足够的宽容度以及较高的秩序化。然而要想构建一个理想中的和谐社会,其难度是相当大的,为此要不断创造诸多必要条件。我国传统文化中有"天人合一"的传统伦理,这能够充分体现人与自然、人与人、人与社会和谐共处的思想及重人格的观念,而这也恰恰是我国独特民族传统体育文化价值观的重要组成部分。

需要强调的是,少数民族传统体育作为重要精神活动和健身活动的主要方式,在构建社会主义和谐社会的过程中,会对民众的价值观和行为方式产生影响,为我国和谐社会建设提供了良好的精神及物质基础。因此,其发展定会对构建我国社会主义和谐社会带来更多帮助。

二、少数民族传统体育在全民健身运动中的意义

我国开展的全民健身运动中所包含的项目众多,少数民族传统体育诸多项目也在此列。20 余年的开展经验,证实了少数民族传统体育具有重大的健身功效。然而这对于全民健身运动的意义只是一个方面,另外其对推动大众健身事业也做出了巨大贡献。

(一)少数民族传统体育有效改善全民健康

少数民族传统体育对于全民健康的有效改善可以从以下三点来认识。

(1)对促进运动者的身体发育有利,使参与其中的人得以改善全面身体体质,提高自身免疫力,促进有机体适应能力的提高和神经系统调节功能的改善。特别是对正处于发育高峰阶段的儿童和青少年的身体发育的促进带来帮助。

(2)能改善运动者的身体素质。通过参加多种少数民族传统体育项目,可以使运动者的力量、耐力、速度、灵敏和柔韧等多种身体素质得到锻炼。另外,连带与运动有关的其他系统功能也能得到有效促进,如循环系统、呼吸系统、神经系统等。

(3)为促进运动者身体对内外环境变化的适应能力提升带来帮助。经常参加少数民族传统体育运动的运动者,可以通过锻炼逐渐建立身体对内外部环境的稳定适应状态,如此,即便内外部环境出现了一些变化,身体也能尽快适应,尽快构成新的稳态,以始终展现出身体各系统较好的工作状态。

(二)少数民族传统体育推动大众体育事业发展

20 世纪 90 年代中期,我国颁布了一系列文件和措施来促成全民健身的实现。党和政府的殷切关注和多措并举的开展相关活动都展现了社会各界人士对这项事业的重视。此后,党中央又提出了全面建设小康社会的奋斗目标,要求到 2020 年建成全民健身体系的目标。

在全民健身事业如火如荼开展的背景下,我国少数民族传统体育的发展也迎来了春风。少数民族传统体育项目得到大众认同和获得良好发展

的原因在于,我国的传统文化根深蒂固,在人民群众中有着广泛的认同感和亲切感。在此基础上,再加上近年来,国学热和人们越发注重对传统文化的关注与保护,由此使得少数民族传统体育的社会影响力与日俱增。于是,在这样难得的发展契机下,理应进一步剖析少数民族传统体育在全民健身活动中的优势,对此要予以充分利用,发挥其价值,为全民健身运动的广泛开展和少数民族传统体育的进一步发展创造良好条件。

三、少数民族传统体育在全民健身中的广泛适应性

不可否认,在全民健身运动中,大多数项目仍旧是以西方竞技体育运动为主要内容,包括少数民族传统体育在内的民族运动项目占比较少。但随着近年来社会各界对民族文化复兴的呼声,以及少数民族传统体育项目在全民健身计划中确实起到的"调节体育"的功效,使其在全民健身运动中表现出了十足的适应性。这种适应性可以从以下几点来理解。

(1)少数民族传统体育具有较为显著的自我修复、自我调整、自我发展、自我娱乐等功能,如此就必然涉及健身、娱乐、治疗、预防疾病等众多领域。

(2)不同少数民族传统体育项目的产生历史、文化背景等都存在着一定差异性,再加上我国幅员辽阔,种种这些更加需要少数民族传统体育项目具有这样的适应性。

(3)少数民族传统体育技术要求并不严苛且运动负荷可控,是男、女、老、幼皆可选择的项目。

有一点需要说明,少数民族传统体育所具备的这种适应性,是其得以继续成为全民健身运动里受到人们青睐的优势。下面详细分析民族传统体育的广泛适应性,从而为更好地发展和推广少数民族传统体育奠定基础。

(一)与不同地域特点的需求相适应

我国的各个民族都有属于其悠久的历史,在这种背景下创造出的少数民族传统体育也自然有与民族生存环境相适应的形式。这些适应性对我国各民族传统健身活动的传播和交流的意义重大。不同区域的人对民族传统体育健身形式的要求有所差异,下面就举例说明差异所在。

1. 东北地区对民族传统体育的需求

东北地区有广茂的平原和丛林,夏季凉爽、冬季寒冷,这为开展冰雪运

动提供了良好的环境基础。因此,对生活在东北的少数民族群众来说,他们更多创造出的运动项目需要借助冰雪环境展开。

2.西北和北方地区对民族传统体育的需求

西北地区主要为高原,东部北方地区主要为草原或平原。因此,该地区民族群众创造出的运动项目更多以马作为工具。

3.南方和中南地区对民族传统体育的需求

南方和中南地区气候温和、江河湖众多。因此,该地区民族群众创造出的运动项目多在水上进行。

4.西南地区对民族传统体育的需求

西南地区山峦叠嶂,有些地区为喀斯特地貌,且森林茂盛,少数民族在这样的环境中所创造出的传统运动项目,多以攀登和狩猎等为主。而生活在西南地区平原地带的民族群众来说,他们可以选择的项目就更多一些。

(二)与不同风俗习惯的需求相适应

不同民族之间的风俗习惯有些较为相似,有些则大相径庭。从某种意义上讲,少数民族传统体育运动本身,就是一种风俗习惯和体育风俗,是众多民族习俗中的一部分。由于各民族之间的思想感情、语言和物质条件等情况不同,导致其风俗习惯不同,其所创造的民族传统体育运动势必也会与这些风俗相适应。

(三)与不同的经济条件的需求相适应

众所周知,对上层建筑的建设是以经济基础为前提的。少数民族传统体育运动就是一种上层建筑,为了对其进行良好的构建,首先需要关注的是打好经济基础。在此之后,所创造的项目就要与经济基础相符合。换句话说,就是在不同经济条件下,人们参加的少数民族传统体育项目的水平、规格和质量会有差异。

当前,我国不同地区的不同经济条件要求下,所开展的少数民族传统体育运动要有重点、有针对性、因地制宜地开展。在认识到经济条件对少数民族传统项目开展的整体质量构成的影响后,国家提出了针对性的发展策略。

首先,在经济基础较差的地区要在投入上做出相应的侧重,特别是要重点扶持一些在运动方式、规格水平方面要求较高的少数民族传统体育项目。然后做好后期的活动包装、宣传、推广以及普及。

其次,注重从自身实际情况出发,重点开展那些能与本民族特色、自然条件、生产生活实践有机结合的项目。

（四）与不同年龄层次的需求相适应

全民健身运动面向的是社会中的全体人员,那么这就注定包含了各个年龄段的健身者。为此,少数民族传统体育运动在全民健身中,就要能够适应不同年龄段人士的运动需求,这些群体有儿童、青少年、中年人和老年人,他们对少数民族传统体育的参与需求各不相同。

1. 儿童阶段的需求

儿童阶段参加少数民族传统体育活动的类型主要为常见的、简便易行的、娱乐性较强、对抗性较少的运动。此外,还应参加一些集体类项目。

2. 青少年阶段的需求

青少年阶段参加少数民族传统体育活动的类型为带有一定对抗性的且规则严谨的项目。通过参加这类少数民族传统体育运动,可使青少年的身体得到极大锻炼,同时还能促进他们心理素质、意志力的提升。

3. 中年阶段的需求

中年阶段参加少数民族传统体育活动的类型为较为平缓的运动形式。这类项目较少受到规则的严苛限制,根据活动需求可以适当调整运动负荷,注重健身的功效以及休闲性。

4. 老年阶段的需求

老年阶段参加少数民族传统体育活动的类型为中年阶段参加的静态性运动,外加一些大众化的、生动活泼的、运动负荷较小的运动项目。更多参加上述两类运动可以起到舒活筋骨、延缓衰老、陶冶情操的目的,如此也丰富了老年人的生活,提升了他们的晚年生活质量。

（五）与不同职业特点的需求相适应

我国少数民族传统体育项目数量众多、形式多样,因此,在开展活动时根据不同职业人群的特点区别对待,以期能让从事不同职业的人群,都能从运动中获得理想的锻炼效果。

1. 农民的需求

农业生产历来是较为消耗劳动者体力的工作,因此,满足农民群体的健身需求就显得非常重要。少数民族传统体育运动中有很多恰恰就是从农业生产劳动中起源的,在农民群体中开展这项运动,必然要能够与日常的农业生产带来紧密关联,如此让农民觉得有亲切感。

2. 机关和企事业单位职工的需求

机关和企事业单位的职工群体参与运动健身锻炼的主要目的是增强体质、愉悦身心。在具体项目选择上主要偏向于那些具有一定趣味性且规则性较强的集体性运动。

3. 知识分子阶层的需求

知识分子群体参与运动健身锻炼的主要目的是增强体质,克服多种办公室疾病。因此,这一群体对健身运动的需求,主要是那些偏静态性的运动,少数民族传统体育项目中刚好有这类项目,如养生功法、太极拳等。此外,多种棋类项目也是这一群体的最爱。

4. 军人的需求

军人参与运动健身锻炼的主要目的是增强体质,提高战斗力。因此,这一群体对健身运动形式的需求主要是那些具有对抗性、规则性的项目。对于少数民族传统体育运动来说,赛马、摔跤等动态性项目更加适合这一群体。

5. 残疾人的需求

残疾人群体参与运动健身锻炼的主要目的是增强体质,促进身体各方面机能达到正常水平,同时还要通过参与运动来调节心态,以积极、阳光的心态面对生活。因此,这一群体对健身运动形式的需求主要是平缓的、益智性的运动项目。

四、少数民族传统体育与全民健身运动的融合发展

20 世纪 90 年代中期,《全民健身计划纲要》(简称《纲要》)颁布并实施。该《纲要》的颁布无疑为我国少数民族传统体育的发展提供了一个有力的法制保障,为少数民族传统体育自我调整、自我发展、自我保健、自我娱乐等功能得到更广泛的发展平台。少数民族传统体育成为全民健身中的重

要项目类别,有效弥补了现代竞技体育的不足。因此,无论从哪一方面来看,它都是融入广大群众体育生活中的好项目。

少数民族传统体育项目中的大多数项目都可以由运动者来掌控难易或运动量,这对于全民健身活动来说是非常大的优势,这使得不论是男女还是老幼,都可以参与其中获得健身、健心及其他多方面效益,从而为全民健身运动提供了更为丰富的活动内容,使人们能够在全民健身活动中在项目上有更多的选择空间,满足多种层次的健身需求。

我国少数民族传统体育项目之所以能够适应更广泛的人民群众的健身需求,在于其发展经历了不同历史时期,其需要在不断适应环境的情况下延续到今天。再加上我国幅员辽阔、人口众多,人们的年龄、层次、职业、地域、风俗等差异巨大,这也使少数民族传统体育的不同项目在不同条件下流行起来。正是由于它与我国传统文化思想更加贴近,所以其更加容易被广大人民群众认可和接受。

现如今,我国的社会经济形势良好,但即便如此,我们的体育资源仍不算富足,再加上各地区经济的不平衡,使得全民健身运动的开展仍旧略显捉襟见肘,难以满足群众所需。为此,大众在选择项目时首先会选那些无花费或花费少的项目。在这种情况下,少数民族传统体育项目就充分彰显了其易于组织、设施简单、器材易寻的优势,成为全民健身中人们的首选项目。这有利于促进全民健身活动的开展和普及,同时也有利于少数民族传统体育的宣传与推广。

第三章　少数民族传统体育的传承理论研究

国家提出推进文化强国战略以来,如何传承与保护少数民族体育,成为现今少数民族传统体育研究领域的热点。少数民族传统体育的传承要素主要包括传承者、传承方式、传承环境及传承管理,这几个要素密切相连,缺一不可,缺少任何一个要素,少数民族传统体育都不可能实现健康有序的传承。因此,在少数民族传统体育传承的理论研究中,要逐一且深入研究这些要素,科学构建少数民族传统体育传承的理论体系。本章主要就从这几个要素着手来研究少数民族传统体育的传承理论。

第一节　传承者

一、少数民族传统体育传承者的基本知识

（一）传承者的概念

要想实现某种文化的延续,传承者是不可或缺的元素。少数民族传统体育作为一种文化形式,其传承者是对这一文化传承行为的直接参与或群体。

对于少数民族传统体育传承者的判定并不容易,它不是一种简单的判断,而是要有一个系统的过程和严格的标准。对于传承人来说,首先要判断他们是否接受到了一系列的有关传承活动的培养,然后用多种形式对其进行考察,最终以其对传承事物的知识数量与质量的掌握情况为依据来确定。

少数民族传统体育的可持续发展非常依赖一代代传承者的努力,他们是保护民族传统体育运动的关键群体。

（二）传承者的作用

少数民族传统体育一直是我国重要的民族文化宝藏,因此对其进行保

护是理所应当的,将其传承下来就是保护工作中的重点一项。传承是一种动态性的过程,人作为传承活动的主体,自然就成为被保护的对象,这项工作无疑就成为了保护少数民族传统体育活动与文化的关键环节。

在关于包括少数民族传统体育在内的传统文化的保护方面,有学者秉持的观点为民间艺人与艺术宝库是等同重要的,这是因为很多民间文化形式是依附在民间艺人身上的,民间艺人的消失就意味着某项文化的消失。如此看来,少数民族传统体育的传承者也成为了一个文化宝库,其承载着众多相关的信息。少数民族传统体育在过往,更多是通过传承人的口传身教得以世代相传的,对于传承文化来说,传承者扮演了重要角色。为更好地承担这一重任,他们在掌握了本有的少数民族传统体育运动知识和技能外,还要不断学习、深入研究,力求博采众家之所长,完善和丰富自己掌握的项目,如此才能很好地对少数民族传统体育的文化精髓和丰富内容加以贮存与传递。

少数民族传统体育的发展是不能脱离传承者的传承作用的。为了进一步正视和提升传承人,在非物质文化遗产保护方面所占据的重要地位,联合国教科文组织在《保护非物质文化遗产公约》(以下简称《公约》)中,特意对非物质文化遗产的概念进行了完善,其中特别强调了"世代相传"一词,以及提到了非物质文化遗产在社区与群体中再创造的概念,并且认为社会群体也要对其有普遍的认同,且这种认同是持续的。《公约》中对相关概念的界定与补充都是基于人本理念而来,关注传承人的本来状态。需要说明的是,概念中传承人的"世代相传"的途径不只是一种,它包括师徒相传、学校教育、家庭传授以及社会传承等。传承人在其中要肩负"接力棒"的职责,发挥承上启下的作用。

对于我国少数民族传统体育来说,由于传承方式更多为口传心授,也许是出于一种自发的保护意识,有些传承者基本不会选择将本民族的绝技传授给"外人"。少数民族传统体育的传承是需要一代一代"接力"的,如果在某个历史时期出现中断,就很有可能直接导致某种运动的消亡。

少数民族传统体育的传承人要继承相关知识与技能,这是促进其延续与发展所必需的,也是其作为传承人的义务。同时,还要促进少数民族传统体育的发展、传播与创新。少数民族传统体育之所以能够延续到今天且表现出良好的发展前景,这都是与其在发展的过程中,不断进行个性化创造息息相关的,尽管在很大程度上其发展受到环境(学习环境、家庭环境、社会环境等)的影响,但仍不能忽视作为当事者的传承人在其中具有的作用。

总而言之,要明确对少数民族传统体育的传承并不仅仅是简单的移位或延长,在传承的过程中,还要根据时代需求与科学运动原理予以适当删减与补充,这并不是改变少数民族传统体育运动的"原生"属性的行为,而是达成一种文化积累的必然行为。

(三)传承者的权利与义务

1. 传承者的权利

对传承者进行评选与确定时,要明确规定其所拥有的权利。其中最主要的权力为依靠自己所掌握的技能开展讲学、学术研究、传艺以及创作等相关活动。传承者的这种权力是受到法律保护的。

从更加具体的角度来看,少数民族传统体育运动传承者的权利涉及多个方面。法律对这些权利给予保护,具体的保护行为,主要体现在民事法律和非物质文化遗产保护方面的相关制度中。国家有关部门在确定了某项少数民族传统体育的传承人后,就要给予其收入及生活水平等方面的支持,确保其生存不出现问题,使其专注于少数民族传统体育的传承工作,另外也为了其能够收到社会的普遍尊重,这是传承者能继续从事传承活动的基础。

2. 传承者的义务

传承人在享受传承活动的各项行为的同时,还要履行一定的义务,将所掌握的知识和技艺无保留地传授给后人。这种义务体现在以下两方面:一方面是保存传承技艺所必备的物质条件;另一方面是保持技艺的完整性。具体来说,传承人应该对自己所掌握的知识、技艺及有关的原始资料、场所、建筑物以及实物等采取必要措施予以完整保存,并积极开展传承事物的展示与传播活动。另外,要在培养新传承人方面有所建树。如有必要以及条件允许的情况下,传承人还应以著书的形式对少数民族传统体育进行有效传承。

二、少数民族传统体育传承者面临的困境

(一)传承人收入低,经济压力大

鉴于少数民族传统体育特殊的发展环境和地区经济水平高的差异,很多少数民族传统体育的传承人,生活在偏远的农村地区,且多数年事已高,家庭经济状况不甚理想。他们首先要为维持生计操劳,无形之中生存需求

就成为了他们的主要需求,这显然会使传承少数民族传统体育遭受冷落。

（二）传承人流失严重,后继乏人

少数民族传统体育开展的地区多为偏远地区,这些地区的经济状况普遍不甚理想,在现如今市场经济的大环境下,更多当地的年轻人选择外出寻找工作机会。年轻人纷纷背井离乡,留守的人生活窘迫,现实情况极大影响传承积极性,慢慢的传习人也在减少之中。面对这种局面,当老一辈的传承人逐渐离世后,鲜有新的传承人接过传承的接力棒,众多优秀的少数民族传统体育项目就将面临后继无人的尴尬局面。

（三）少数民族传统体育文化认同危机

少数民族传统体育文化在认同上的危机,体现在人与人之间以及个人与群体之间对共同民族文化认识的一种弱化。我国在近几十年来,在体育领域的发展是以提升竞技体育运动项目实力为主的,项目则主要是西方竞技体育运动。这一现实情况对包括少数民族传统体育在内的民族传统体育都是一个不小的冲击,最严重的问题在于国人对民族传统体育的认同度降低。以体育活动开展较为频繁和系统的学校体育来说,除了武术中的一些项目,如长拳、太极拳等有过一些开展外,其他少数民族传统体育项目都较少涉及。如此造成的直接后果就是传统体育与人们渐行渐远。

（四）少数民族传统体育文化空间被逐渐边缘化

少数民族传统体育发展需要一定文化空间,然而事实上这一空间正在逐步缩小以及被边缘化。在过往传统中,少数民族传统体育活动大多是祭祀、庆典等仪式中的一部分,那时,这些仪式就是人们最热衷参与的活动。而在今天,人们所热衷的事物早已发生了深刻的改变,人们更青睐于依靠其他方式来丰富自身的文化需求和娱乐需求,少数民族传统体育项目不再受到人们的关注,甚至还被人为是落后和陈旧的事物不值一提。少数民族传统体育活动的文化空间被逐渐边缘化,影响力与日降低,致使传承人也很难开展相关活动。

（五）民族传统节日被淡化

在我国有着较多的传统节日,每一个传统节日都蕴含着深厚的文化底蕴。许多少数民族传统体育在长期的实践中都是以传统节日庆典仪式中的重要组成部分出现。然而近几十年来,新一代群体思想更加开放和西化,更加热衷过"洋节",传统节日被不断淡化。失去了传统平台的少数民族传统体育也日益衰落,甚至很多人都不知道这项活动与传统节日有什么关联,而少数民族传统体育传承人的社会地位也随之弱化,传承活动不免遇到困局。

三、少数民族传统体育传承人保护与培养

(一)保护措施

1. 资金补助

对少数民族传统体育的传承人采取资金补助措施的原因,在于这些传承人普遍年事已高,有的已经丧失了大部分劳动能力,他们更多住在偏远的经济欠发达地区。生存对少数民族传统体育传承人来说至关重要,为确保传承人有充裕的时间和精力持续开展传统项目的传习活动,就必须解决他们在生活上的困难,采取适当经济补助的形式让他们无后顾之忧,得以倾心投入到传承活动之中。目前,我国已经对不同级别的传承人给予津贴,其中,国家级传承人每年补助 8 000 元,省级传承人补助 1 500～5 000 元不等。除津贴外,还有一些辅助经济方面的补助也在逐渐落实中。

2. 法规和政策保障

对包括少数民族传统体育在内的民族传统体育及非物质文化遗产的保护需要有一套法律法规作为发展基础。于是,2005 年 3 月,国务院出台了《关于加强我国非物质文化遗产保护工作的意见》。而在此后的 2008 年 5 月,国家文化部又颁布了一项具体规定文化传承人的认定标准、权利义务及管理相关事务的《国家级非物质文化遗产项目代表性传承人认定与管理暂行办法》。不仅如此,上海、云南、新疆、贵州、浙江等省份也相继出台了,地方性的非物质文化遗产项目代表性传承人认定与管理办法。这些法规和政策无疑是对我国少数民族传统体育的继承活动,在法律层面上予以保护。

(二)保护机制建设

1. 统一规划,加强组织机构建设

为了完善针对少数民族传统体育的保护工作,建立一套完整的机制是

至关重要的,为此有关部门要做出统筹规划。目前,我国已经为此组建了非物质文化遗产保护工作部际联席会议,该联席会议由文化部、发改委、教育部等部委组成。多部门的联合在统筹和协调上有一定的优势,但也容易因为管理单位多而出现多头管理、职责落实不清、管理效率降低等问题。但是目前,在联席会议中没有体育行政部门的加入,实则是一件尴尬的事情,为此,各级体育行政部门应设立专门机构,对此类事物有专人管理及与有关部门对接,切实有效地做好少数民族传统体育非物质文化遗产及其传承人的保护与传承工作。

2. 科学认定,广泛开展普查工作

既然提到了要保护少数民族传统体育的非物质文化遗产传承人,首先就要明确和认定传承人的资格,这就需要对传承人开展普查工作。我国各民族的传统体育项目数量众多、形式多样,有些是较为人们所熟知的,而有些则鲜有人知,就连本族群众也可能不太清楚,这些问题都给传承人的调查工作带来了复杂性,可见这并非是一项简单的工作。因此,各有关部门在调查过程中还应委托民俗学、文化学等多学科专家共同参与调查工作,以此确保调查结果的客观性、真实性和有效性。

3. 建立档案,面向社会广泛宣传

对少数民族传统体育的传承人进行调查的内容,要尽量做到全面。一般来说,调查除了要收集传承人的基本信息外,还要重点对其所传承的项目的信息进行收集,对这方面信息的收集是有所侧重的,内容包括项目的名称、技艺方法、流传区域、传承谱系等。对于这些具体的项目信息,传承人要将本来的和创新的内容与技巧都要以文字、图像、影像等方式留存档案。从事这项工作的人员要为此建立专门的少数民族传统体育的数据库,国家经与传承人达成一致后,可对相关信息材料予以印刷发行,以便于向学校、单位等社会多领域推广。

4. 加大投入,保障传承人的权利

加大对传承人的资金补助,主要是为了保证传承人能够在没有生活之忧的情况下,安心从事少数民族传统体育项目的传承工作。但从实际来看,政府津贴的发放,是根据国家、省、市、县政府对各级非物质文化遗产代表性传承人的认定结果而来的,且这方面的投入,仅仅依靠国家还是有些捉襟见肘。为此,各级政府相关部门也要利用更多的渠道来筹措资金,如通过组建民族传统体育非物质文化遗产公益基金等方式,以此弥补国家津贴之外的不足。此外,政府也可以鼓励传承人开展传授技艺、演讲传学、出版著作和示范表演等活动,为这些活动提供便捷与平台,活动收入合理分配给传承人,保障其经济收益。

5. 共同参与,为传承提供有力保障

对少数民族传统体育非物质文化遗产传承人开展的保护工作,不是一个部门或组织就能完成的,它甚至需要全社会的力量予以支持,如新闻界、学术界、商界等领域的共同努力,发挥各自的优势和作用。只有这样,才能保证少数民族传统体育传承人开展传习活动的长期性与稳定性。

(三)培养机制建设

在包括少数民族传统体育在内的非物质文化遗产的保护工作中,对于传承人的"抢救"与保护毋庸置疑是非常重要的,但与此同时,还应注重对新的传承人的培养,这才是延续传承的核心,是可持续发展的要求。为此,就要建立一个系统的传承人培养机制,从而做好对现有传承人的保护以及对新传承人的培养,两项工作并进,不可或缺。

目前的情况是,少数民族传统体育的传承人流失现象严重,为了应对这种不利的局面,有关部门应着力采取措施,鼓励传承人在选择"徒弟"和培养他们这一方面多下功夫,尽快实现以老带新,培养出合格的接班人。在培养过程中,除了将现有的知识和技能传承下去以外,还要注意灌输给新人以创新的意识,以求在未来的传承中,新传承人能不断丰富其内涵,使之紧随时代发展的需求。

另外,全国各类民族院校、体育院系也要发挥自身学科建设优势,主动加强民族传统体育学科建设,利用高校的资源优势,培养一批知识结构合理、教学能力强、管理能力出众的高素质人才。

(四)权利保障

切实保障包括少数民族传统体育在内的非物质文化遗产传承人的权利关系到其能否积极、顺利地开展传承活动。以目前情况来看,实施保障的方式主要有以下两点。

1. 立法保护

从立法的角度对传承人的权利与义务进行明确规定,同时这也是让全社会对这一领域事物有所了解的有效方式。

2. 政府保障

在我国,对包括少数民族传统体育在内的非物质文化遗产传承人的保障工作,主要是由政府部门来统一组织和实施的。其中涉及的部门有文化部门、教育部门和体育部门等。在政府相关部门的积极配合和协调下,保障少数民族传统体育的非物质文化遗产传承人,开展传承活动的各项措施得以落实,其传承过程中,遇到的问题也由相关部门予以解决。不仅如此,政府保障的内容还应包括对在传承活动中表现优秀、贡献突出、社会影响力大的传承人进行宣传和表彰,以此来提升他们的社会地位与知名度,这可以调动他们继续参与传承活动的积极性,同时也能吸引广大社会人士更加关注少数民族传统体育的发展与传承。

第二节　传承方式

一、少数民族传统体育的传承方式

(一)节庆习俗

节庆,是指每年在固定时间举办的有固定主题意义的文化活动。我国的少数民族传统体育运动有很多都起源于某种节庆日中的仪式,以特定节日为主题举行的少数民族传统体育活动,是一种民族性的、约定俗成的、世代相传的文化活动。对于某个民族来说,在节庆中出现的传统体育活动是一种文化的传递方式,其对文化的传承具有非常重要的作用。

就我国节庆活动来说,大体有五种类型,分别是原始崇拜类、宗教祭祖类、农事集贸类、爱情交游类和娱乐狂欢类。每个民族几乎都有属于他们自身的项目类型,有的民族体育运动甚至包含多个类型。节庆活动可以用较为直观的方式,表现出民族特色的传统体育文化,是传统体育文化魅力展现的平台和载体。也正因为在节庆时的频繁出现,使本族人民乃至其他民族的人民更加了解这些运动文化。可以说,节庆活动是一个民族长期以来形成的传统体育文化内容的缩影。

(二)生活方式

生活方式上的传承主要是借助日常生活的多种形式来实现传承民族

传统体育活动的目标。生活方式是民族文化传承的重要方式,事实上,每一种生活习惯的表现,都潜藏着作为特定文化表达的,一种稳定的心理结构模式。对于利用生活方式来传承的形式主要有两种,一种为物质生活方式,另一种为精神生活方式。利用生活方式的传承主要是包括各民族的风俗习惯,这与少数民族传统体育的开展是息息相关的,而这些生活中的行为在传统体育运动中也是有其影子的。

作为能够反映少数民族传统体育活动的生活方式,就注定这是一种在长期民族群众生产生活过程中形成的,具有较强稳定性的,受到族人广泛认可的生活文化习性。这种生活方式是人们世代相传的,如此足以展现深厚的民族文化底蕴,同时也承载着民族文化观念,它是一种民族物质文化与精神文化的综合体现。尽管生活方式有一定的稳定性,但也会为了适应社会环境的变化而出现适当的改变,这种改变也会影响着传统体育文化的变革。

（三）宗教信仰

宗教信仰,是指信奉某种宗教的人们对所信仰的神圣对象,从崇敬到认同而产生的坚定不移的信念及全身心的皈依。宗教信仰具有特殊的社会意识形态,其作为一种特殊的文化现象被人们接受,其与少数民族传统体育的紧密关联,使其几乎成为了人类体育文化发展的"记录表",以宗教信仰手段进行的少数民族传统体育文化的传承,也是重要的传承方式之一。

（四）语言与文学艺术

语言表现思维及承载思维,同时语言也是一种非常显性的文化符号,其与少数民族传统体育文化之间有着紧密联系,其对一个民族的传统体育文化建构有重要的影响。实际上直到今天,语言与众多民族文化之间有何种关系尚未确定,但可以肯定的是,在文字出现之前的人类社会,语言注定是少数民族传统体育文化的主要传承方式。

文学艺术是一种人类精神文化,其在不同的民族中,表现出独具特色的方式和特点,当然其也对少数民族传统体育的传承发挥作用。文学艺术所具备的独立的精神文化体系,能够被人类在物质生产方式之外又创造出来,恰恰是因为文学艺术的传承功能。原始文学艺术的作用在于将原始人的文化以威严和神秘的方式表现出来,并且将其转化为一种精神力量以影响人们的精神世界,同时还传递着带有十足民族特征的民族传统体育文化信息。这种传承方式在21世纪的今天,都仍旧对少数民族传统体育的传承发挥作用,并且在顺应时代的发展要求下,还衍生出了引导和重塑文化等功能。

二、少数民族传统体育的传承途径

(一)宗教传承

在古代,人们受认识水平有限以及生产力水平低下的限制,在平时的生活中,有很多不能理解或是无法掌控的事情。久而久之,人们就开始认为是存在某种高于人类的神灵控制着一切,而后祭拜神灵的行为就出现了。这种人类历史上古老而又普遍的社会文化现象,在社会的各个方面都发挥着重要影响。

宗教对少数民族传统体育文化的影响,主要体现在少数民族传统体育在宗教活动中的行为表现上。宗教以多种方式和途径,渗透到包括少数民族传统体育运动在内的民族文化发展中。在宗教活动中,民族传统体育是介于宗教、艺术与体育之间的一种身体活动。宗教活动中,人们在祭祀过程中进行的身体活动中形成了最初的体育活动的意识,受到某种精神刺激信号,这些讯号可以加强集体凝聚力,使本族人在共同的身体活动当中,形成本民族的文化趋同感。反过来,这种趋同感又能成为民族大众认同民族文化的凝结剂,在这种凝聚力的促使下,民族文化能够世代相传也就是非常自然的事情了。

许多少数民族都有自己的宗教信仰,那么有关宗教信仰的活动对他们来说,就被放在非常重要的位置上。祭祀活动是宗教仪式的重要内容,而少数民族的传统体育运动就是活动的形式之一。例如,在水族的端节上,就会组织赛马活动。作为仪式活动的内容,尽管是以比赛的形式出现,但主要作用还是为了烘托节日气氛。宗教是少数民族传统体育文化系统传承的一大标志,是少数民族传统体育传承体系中的基石。

(二)民俗传承

1. 口承语言民俗传承

口承语言民俗主要传承的,是与语言文学艺术有关的内容,如神话传说、歌谣诗词、民俗故事、民间艺术等。乍一听这好像和少数民族传统体育的传承没有太大关系,但实际上,鉴于早期少数民族传统体育活动,并非是以单纯的体育运动的形式出现的。因此,通过口承语言的形式予以传承是说得过去的,甚至一度是最为主要的传承形式。有调查数据显示,我国各民族传统流传下来的与口承语言民俗有关的体育项目约有数十种,它们不仅本身与民族文化艺术没有太过明显的区分,而且在类似体育的活动过程中,还往往配有诗歌和歌谣等民间艺术形式。这类"文体结合"的文化形式通常规模较大,参加人数众多,且内容丰富、氛围热烈。

2. 社会民俗传承

社会民俗的范围,是指某个民族的家族、亲族、村落及各种社会职业群体的仪式以及岁时习俗等。就少数民族传统体育的本质来说,不论是组织开展还是参与其中,都基本不产生物质利益,由此说明它是一种偏向精神领域的文化。

少数民族传统体育实际上就是一种社会民俗。这众多的体育内容在其产生与发展的过程中,逐渐完成其本身的传承与整合,其在社会民俗活动中具有较高的价值,这些价值主要体现在以下方面。

(1)活跃和丰富文化生活。

少数民族传统体育在众多节庆中都是必不可少的内容,这些活动不强调竞争性,组织方式也较为灵活,最终的获胜者也没有高额的奖励。由此可见,这类运动更多是为了活跃和丰富文化生活,让参与其中的人们感受到节日喜庆的气氛。

(2)继承和发展民族传统文化。

少数民族传统体育项目中蕴含了大量民族传统文化,其中有些内容与民族宗教信仰紧密相连,有些则是为了民族英雄,还有些是为了反应本民族的价值观。这些项目在发扬优秀民族艺术传统的同时,也反映了该民族的审美倾向。总而言之,少数民族传统体育作为民族文化的组成部分之一,在节日庆祝活动中开展是一种重要的对民族文化进行宣传和弘扬的良好方式。

(3)增强民族自豪感和民族凝聚力。

民族自尊心是群众获得民族自豪感的核心要素。就许多少数民族来说,他们的自豪感的产生往往与本民族的英雄有关联,以致在日后一直对英雄有所崇拜。在对英雄人物的纪念仪式上,就会加入一些民族传统体育的活动内容,如土家族的摆手舞、傈僳族的跳嘎等。这些活动的开展都是为了不断唤起下一代人对本民族英雄人物的崇敬和缅怀,从而使这种民族自尊心得到不断增强。

参加节日庆典的民众是非常多的,在此期间组织的民族体育注定不会显得"凄凉",场面都非常热闹,现场氛围良好。众多民族群众一同庆祝节日的到来,以庆祝仪式作为媒介,可以潜移默化地强化着本民族人民的共同价值标准,增强人们的民族凝聚力。这种良好的效果是其他任何形式的活动都无法达到的。

(三)教育传承

以教育的途径,对少数民族传统体育进行传承是非常重要的。教育是一项体系性的事业,是重要的文化传播途径。任何一种文化现象都必须通过教育的途径产生,并凭借教育机制来传承与融合,这点对于少数民族传统体育的传承来说也是一样的。教育具有传递社会生活经验并培养人才的功能,对于少数民族传统体育而言,可以通过教育,来培养具有民族传统体育传承意识和素质的人才,如此就为传统体育项目的传承,提供了传承人方面的保障。

在人类早期的社会中,教育行为就一直存在,但人们并没有给予其系统性的探索和研究,更谈不上有专门从事教育的场所和专职的教师。可以说,早期的社会教育是自然形成的,主要的方式为言传身教,内容为游泳、狩猎、攀爬等与生活生产息息相关的内容。当然,对于早期的少数民族传统体育的开展方法也是通过这种形式传授的。由此可见,在许多民族传统体育项目中,都有教育行为的印记,少数民族传统体育是重要的民族教育内容之一,反映着原始民族教育的特性,同时依赖于民族教育进行传承。具体来说,其传承的方式主要有如下几种。

1. 家庭教育传承

家庭教育的双方为父母和子女。一般来说,传承的方式,为父母对子女施加的主动的或非主动的知识、经验与技能的传递行为。不论处于何种民族文化之中,家庭教育都是对新一代实施民族文化传承的重要形式,如此一来,家庭就是孩子接受教育的主要场所,家长对子女的教育应尽到义务,不管是正式的、仪式性的教育方式,还是非正式的、随意的教育方式,都要从情感上表现出关心与关爱。

总之,家庭教育作为教育传承的一个重要组成部分,是少数民族传统体育的重要传承机制,其重要性主要如下。

(1)家庭教育是孩子接触到的第一个教育形式。作为可以充当传统文化传承的前沿阵地的家庭教育,是传统文化传承的起点。对于少数民族传统体育的家庭教育来说,这直接关乎未来这类的运动的传承趋势,因此不容小视。

(2)通过家庭教育传承传统文化,是我国每个家庭应当履行的义务。我国教育中的一项重要任务就是继承和发展祖国的优秀传统文化。文化的传播需要教育,家庭教育是教育行为的重要载体,它的重要性决定了不管是从哪个角度来看,家庭教育都要承担起传承与弘扬传统文化的职责。

(3)家庭教育传承传统文化具有先天优势。对于孩子来说,家庭其他成员的举止行为,对其构成的影响是非常重大的。孩子自小生活在家庭之中,一切价值观的形成多是在家庭教育中形成的,这种潜移默化的教育几乎是时刻存在的,如果家庭的传统文化传承氛围良好,并且家长还能对孩子的民族成员参与民族体育活动进行指导,那么传承的效果自然就更好。正是基于这种得天独厚的优势,使得家庭在少数民族传统体育文化方面的教育是其他教育形式难以替代的。

(4)家庭教育的历史性。家庭教育在我国,可谓是具有历史性的教育方式,其甚至可以追溯到家庭的概念产生之后。我国自古就拥有许多有关家庭教育的典故,如"孟母三迁""岳母刺字"等。我国的传统家庭教育观,注重德育和启蒙教育,同时还非常在意外界环境对教育的影响。时至今日,其中的许多理论都是非常有道理的,仍旧可以被广大家长借鉴。

在家庭教育中,作为长者的父母或祖父母往往承担传授者的角色,这是因为他们经历的人生更多,经验更丰富,他们总是以自己对于本民族文化的理解以及自己的生活经历,而积淀形成的人格素质,或主动或潜移默化地言传身教,来达成对晚辈们和对民族文化的初步认知,以及共同心理认同的教育目的。

2. 社会教育传承

对于少数民族传统体育的传承来说,家庭教育固然是非常重要的方式,但实际上,家庭教育的作用还不能完全满足教育所需,为此,就需要其他一些教育形式的弥补。对于很多人来说,他们所获得的传统文化观念和知识是从社会教育中获得的,这是因为更多的文化内容是附着于社会之中的。在节日庆典、宗教祭祀以及劳动闲暇当中,通过老一辈人的传授或文化气氛的渲染,便能将少数民族传统体育的活动形式、文化精神的沿袭接力棒传给新一代,然后经过反复教导来将文化固化下来。

体育文化的形成是人类遵循文化发展的结构性规律的结果,它起源于人们的生活,然后按一定规律和性质被独立出来,但即便如此,少数民族传统体育文化中依旧能够看到生活性的影子。正如众多少数民族群众认为的那样,生活是民族传统体育的灵魂。少数民族群众参与相关活动的途径有节日庆典、宗教仪式、婚丧仪式、村寨间竞赛活动等,这些都处于社会教育的范畴之中,它是利用了社会范围的大教育,潜移默化地将民族传统体育意识移植到年轻人的意识和行为中。例如,水族在端节中会开展"赛马"

活动,这项活动对场地有严格的要求,日常中几乎是不会开展的,但由于它是民族传统文化项目,所以也不能缺少。然而就这项活动和节日的关系进行分析的话,则是两者互相支持,互相依存,即如果没有赛马活动,那么水族的端节就失去了意义,而如果没有端节,则这种赛马活动也不会开展。如此一来,端节上的赛马活动就只能靠社会教育来传承。

三、少数民族传统体育的传承策略

传承与保护少数民族传统体育,可以采用以下几种策略与方法。

(一)自然传承

以文化现象表现出的基本形态为依据,可以将文化分为原生态文化和次生态文化两种类型。其中,原生态文化是指历史上创造并流传至今的且没有过多刻意改变的传统文化,也就是所谓的最"原汁原味"的文化。而次生态文化则是指以原生文化为基础创造出来的新兴文化。我们谈到的少数民族传统体育非物质文化遗产保护工作的重点,就是对其中原生态文化的保护。

现如今的主流体育是以西方竞技体育运动为主要内容的运动项目,在受到运动"西化"的影响下,一些少数民族传统体育也出现了异化,以众多传统武术为例,其中有些古朴、实用、精悍的武术套路为了拥有竞技化特点而向长拳的趋势靠拢,开始追求高、难、美、新等动作。这种情况使得原生态少数民族传统体育运动的保护工作更加重要,其目标就是以最"原汁原味"的方式传承传统体育项目。

(二)自主传承

传承少数民族传统体育看似是个新课题,实际上它一直以来都自发地存在于民间社会之中,少数民族传统体育的发展繁荣与传承是紧密联系在一起的。传承可以分为"静态"和"活态"两种:静态传承强调的是物质资料的保存,是我国历史上传承少数民族传统体育的重要方式;活态传承强调的是可持续性发展,重点在于对传承人的保护。

在非物质文化遗产的传承过程中,植根于民间社会的文化遗产传承人,才是传承的主体,所以要积极发挥传承人的传承自主性,禁止某些机构比如政府、商界、新闻媒体、学界等喧宾夺主。

但是现在却有这样一种倾向,地方政府出于发展经济的需要,"体育搭台,经济唱戏",不顾少数民族传统体育传承和发展的本质规律,揠苗助长,使"民俗"变成了"官俗"。对这类现象,要坚决予以抵制、克服。

传承人是保护少数民族传统体育的重点,自主传承是传承工作成功进行的有力保障。因此在制定传承制度时,要为传承人能自主进行传承工作创造良好的条件,这也需要对传承人的权利和义务作出细致、明确的规定。针对少数民族传统体育非物质文化遗产保护中出现的各类不同问题,可以在制度规划中成立一个专门的委员会,对少数民族传统体育中的非物质文化遗产及传承人进行鉴定,对符合一定条件的项目和个人,经过一定的程序,赋予名号,公之于众,使其受到国家的保护,从而杜绝"官俗"替代"民俗"行为的发生。

(三)物质传承

从理论上讲,物质类文化遗产与非物质文化遗产是存在一些相似的属性的,而并非是两种截然相反的事物。事物普遍存在物质性和精神性两个层面,两者缺一不可。那些有形的物质类文化遗产,是通过艺人的制作,将文化"有形化""物质化"。而非物质文化遗产,则是艺人在表演或制作过程中使用的技艺,其更看重的是技艺本身。纯粹以有形或无形来分辨文化遗产是不合理的,之所以这么加以区分主要是为了研究的方便。对于文化遗产的保护和传承来说,也不能以此作为区分保护工作或侧重的依据。

少数民族传统体育属于技能与技艺类的非物质文化遗产,但从保护的角度上来说也可以通过实物收藏的方式将其保护起来,如此能更好地保护其传承的直观性、真实性、不可替代性。而且采取这种保护形式还更方便其形象的展示。目前,最具可操作性的保护方式就是录制多媒体视频,将运动影像转换为数字信息,并且依靠网络来传播。这种保护方法的优势有如下几点。

(1)可以方便、迅速地进行检索、调用。

(2)可以方便灵活地进行图文声像与数字信息的双向转换。

(3)可以高速、便捷地通过网络进行传输。

(4)一次性投入,投入产出比高,更便于市场运作。

(5)可方便自如地对资料进行修改、编辑、排序、移位、备份、删除和增补。

(6)几乎不占用物理空间。

以武术传承为例,《中华武藏》就是物质传承的典型代表。它是由中国武术协会主办、中国武术研究院监制、河南中传文化传播有限公司摄制的全面记载中国武术的百家拳种、传递中国武术文化、表现武德风范、展现武术精髓、解读神奇武术千古之秘的电子版武术百科全书。以挖掘优秀、正宗的传统武学为宗旨,以少林、武当、蛾眉和太极、形意、八卦、八极、象形等129个优秀传统武学流派、拳种为对象,一改过去武术言传身教的传承方式,采用先进的技术手段,向世界传达了中华武术的丰富内容。

从上述传承方法中可以看出,少数民族传统体育的保护,始终都着眼于"人",离不开传承人主动性的发挥,其关键就是口传心授的"传承",传承和保护是一枚硬币的正反两面。传承工作要以活态传承为主,静态保护为辅。同时可采取在有条件的地方建立"民族传统体育生态文化保护区"等一系列措施,进行少数民族传统体育的整体传承。

（四）经济传承

非物质文化遗产不仅具有科学价值、文化价值、教育价值,而且更具有经济价值。开发、利用好它的经济价值,将十分有利于少数民族传统体育非物质文化遗产的保护。以武术为例,1982年上映的电影《少林寺》,就掀起了一股经久不息的武术热潮,这股热潮为少林寺带来了庞大的经济收益。据统计,从1974年到1978年5年间,少林寺一共才接待游客20多万人,但《少林寺》上映的1982年,游客迅速涨至70多万人,在武术热潮席卷全国的1984年,游客人数更飙升到了260万左右。从20世纪90年代起,来少林寺参观的游客,每年都基本稳定在150万人左右。另外在武打影视、武侠小说的广泛影响下,少林寺以武扬名,少林功夫俨然已成为中华武术的名片。在获得巨大经济效益的同时,少林寺有了充足的财力对少林功夫进行深层的挖掘、整理,从而建立起网站,组织少林武僧团,创办武术学校,走上了一条良性发展的道路。

（五）法律传承

党的十七大报告明确指出:"加强对各民族文化的挖掘和保护,重视文物和非物质文化遗产的保护。"目前,在越来越多的民族传统体育项目进入国家、省、市、区（县）四级非物质文化遗产保护名录的情况下,为了对"重申报、轻保护"的缺陷进行弥补,需要制定一整套切实可行的少数民族传统体育的传承制度。在制定传承制度时,一定要重点考虑各方利益的均衡性,其中包括公共利益和各传统项目之间的利益,只有利益均衡,才有可能实现抢救与保存、合理开发与利用并举的目的。

传承少数民族传统体育需要发挥政府部门的主导作用,更主要的是要发挥传承者自身的力量,通过保护其经济利益来激发他们的参与热情,并通过相关法律法规的实施保护他们的合法权益。依靠法律制度来传承少数民族传统体育,是最为有效的手段。

我国制定的《非物质文化遗产保护法》，已将具有多样性和复杂性的与非物质文化遗产相关的所有内容，均纳入这部法律之中。若要使少数民族传统体育得到最完备的保护，就得在现有的法律体系中，选择合适的法律与之结合，使两者能够相辅相成，从而发挥更大的作用。采用现代知识产权制度对少数民族传统体育进行保护和传承，不失为一个良好的决策。

（六）整体传承

少数民族传统体育的整体传承，即要确保两个方面内容的整体性，一个是确保技能体系的完整传承，另一个是确保生存环境的完整传承。包括少数民族传统体育运动在内的任何一种非物质文化遗产几乎都是由多种技艺组成的，如果在传承过程中只关注了其中一个方面的技艺传承，忽视其他环节，那么所传承下来的内容就是有缺失的，传承价值也就有所降低。

少数民族传统体育的根基始终是中国传统文化，它所包括的不仅是关乎运动本身的技法、练法和理论体系，还有与少数民族有关的礼节仪式、传承制度等内容，这些共同构成了少数民族传统体育的技能体系。

少数民族传统体育的整体传承，是以少数民族传统体育的产生背景为基础的。如果偏离了民间文化的范畴，就会使传承下来的少数民族传统体育没有特色与风格，从而变成"四不像"。

四、少数民族传统体育传承方式的创新——新媒体传承

以新媒体的形式作为少数民族传统体育的传承方法首先要确定传承内容，然后选择具体的媒体渠道来作为实现传承效果的载体。在这其中，最关键的两方面就是传承的形式和传承的介质。下面就对此问题进行具体阐述。

（一）新媒体传承的主要形式

（1）上卫星电视，或地方电视台体育频道、青年频道、新闻频道、综艺频道等。

（2）拍摄紧密围绕少数民族传统体育主题的电影、电视、综艺等节目；直播少数民族传统体育赛事；举办内容丰富的少数民族传统体育旅游节、艺术展等活动，并充分发挥媒体及各种自媒体的传播优势对活动予以宣传和推广。

（3）鼓励官方、非官方，甚至是个人，对各类少数民族传统体育文化进行纪录，然后通过各种新闻、社交网络等信息平台进行传播。

（二）新媒体传承的主要介质

1. 各类新媒体本身

目前,社会中最常出现的信息终端有公共交通载具上的移动电视,人们手持的如手机、Ipad(平板电脑)、电子书等个人信息终端器。除此之外,"三网合一"后的家庭电视、公共场所的电影屏幕等各种智能化的非移动终端,也可以构成具有强大传播效应的介质。这里需要说明的一点是,目前最为流行的信息接收终端都有居住性、流动性的特点,人们对这种终端的接受程度最高,使用也最为普遍,甚至已经超过了传统媒体的传播效果。

2. 蕴含在同一新媒体介质中的传播应用软件

提到信息传播的应用软件,最被人们所熟知的就是微博、微信和 QQ(即时通信软件)了。这些应用软件都具有非常强大的信息传播功能,通过这些软件,信息可以以最快的速度和最广的传播面传播,这种传播还是无限循环的。如果能够将少数民族传统体育转化为各种娱乐化、智力化的游戏项目,也不失为一种可行性的创新。如此对少数民族传统体育的传播来说,不仅超越了传统传播方式的时空限制,还从根本上突破了原有的制度限制和规范约束。由此可见,这是少数民族传统体育在日后很长一段时间内在传播方面的主导方式。

第三节　传承环境

一、少数民族传统体育传承的文化空间

（一）文化空间的概述

"文化空间"一词,是联合国教科文组织为非物质文化遗产保护工作特设的专有名词,其是指人类口头和非物质遗产代表作的形态和样式。

1998 年,联合国教科文组织颁布了《宣布人类口头和非物质遗产代表作条例》(以下简称《条例》)。在该《条例》中,明确了将人类口头和非物质文化遗产划分为民间传统文化表现形式以及文化空间两大类。《条例》认定"文化空间"为非物质文化遗产的重要形态。该《条例》的宗旨为:"宣布

的目的在于奖励口头和非物质遗产的优秀代表作品。这一口头和非物质遗产(文化场所或民间和传统表现形式)将被宣布为人类口头和非物质遗产代表作。"

2003年,联合国教科文组织又通过了《保护非物质文化遗产公约》。它总结并概括了此前有关传统民间创作和口头与非物质遗产的研究成果,并对人类非物质文化遗产做了新的分类。新的分类方法将人类非物质文化遗产分为了五类,具体如下。

(1)以口头为形式的技艺。

(2)各种表演艺术。

(3)各种节庆活动、庆典仪式。

(4)传统手工技艺。

(5)有关自然界和宇宙的知识和实践。

《保护非物质文化遗产公约》关于"非物质文化遗产"一词的定义为,其是指被各社区、群体,有时为个人,视为其文化遗产组成部分的各种社会实践、观念表述、表现形式、知识、技能及相关的工具、实物、手工艺和文化场所。

通过对非物质文化遗产的定义的解读可以发现,其中并没有对"文化空间"作为一种特定的非物质文化遗产现象来加以描述,但在2001年联合国教科文组织公布的第一批人类口头和非物质遗产的19种名录中,有5种属于"文化空间"的现象范畴,而在此后几年中陆续公布的第二批、第三批名录中,依旧有属于文化空间的项目。由此足以表明"文化空间"项目所占有的地位。

我国一贯对非物质文化遗产的保护工作较为重视。在2005年,国务院办公厅颁布的《关于加强我国非物质文化遗产保护工作的意见》之附件《国家级非物质文化遗产代表作申报评定暂行办法》,第3条关于在非物质文化遗产分类界定中,除了囊括此前联合国公约中的五种分类外,还增加了第六类,即"与上述表现形式相关的文化空间"。这增加的一个类型更是将"文化空间"作为了一个非物质文化遗产的类别,并定义为"定期举行传统文化活动或集中展现传统文化表现形式的场所,兼具空间性和时间性"。

对于包括少数民族传统项目在内的非物质文化遗产的保护来说,对"文化空间"的保护已经上升到了较高的位置,其重要意义在于它能全面地、客观地、原生态地呈现非物质文化遗产中所蕴含的文化特色,进而成为了最主要的非物质文化遗传传承与保护的模式。

（二）少数民族传统体育传承的文化空间

根据文化空间的定义可知,其是有价值的文化空间或时间,是有价值的传统文化活动、民间文化活动得以举行的空间或时间,这些活动是有规律的、约定俗成的文化活动场所。对于少数民族传统体育来说,这是我国传统文化中的重要组成部分,其中有许多值得保护的文化空间。以少林武术为例,其是我国传统武术的项目之一,更是我国民族传统体育的代表,拥有 1 500 年的悠久历史,其发源地就是少林寺,一个特定的佛教文化环境与僧人习武的场所,这就是一个别具特色的"文化空间"。对这一文化空间进行整体保护就是对少林武术的保护,如此也更加符合非物质文化遗产的现象与实际。如此一来,对其他类型的少数民族传统体育的保护也可以从保护其文化空间入手,而对文化空间的保护基本等同于对少数民族传统体育项目的传承。

文化传承的整体性是传承活动的基本要求,即要求针对少数民族传统体育文化进行的保护行为,要确保包括全部内容和形式。少数民族传统文化作为我国文化精粹的代表,其传承工作的质量和成果如何直接关系到民族文化的血脉相传,这无论是对于我国的文化界还是体育界来说都是头等大事。

我国少数民族传统体育是宝贵的民族文化,在传承的过程中,如果只注重对运动技术的传承显然是片面的,这只沿袭了运动项目的一部分。在中国传统文化艺术项目的传承与保护研究中,大多数学者都以"教育"为传承的首选,以进入学校为传承的重要途径。但单从技术的角度讲,只是以学校教育的方式是难以培养出真正的传承人的。之所以如此,其因素在于学校教育和技艺传承在理念上就有着本质的差别,学校教育更多是为了传播文化和培养学生对民族传统文化的兴趣,而培养的内容深度并不足够,不足以培养出合格的传承人。少数民族传统体育技术的整体传承一定要"师徒传承""口传身授",经年累月,才能保证少数民族传统体育的可持续发展。鉴于此,在当今少数民族传统体育传承的研究中,有必要重视文化空间概念的引入,只有传承和保护了少数民族传统体育存在的文化空间,少数民族传统体育才会得以保留,并不断发展。

（三）少数民族传统体育文化空间的保护

1. 文化空间保护的基本原则

对于非物质文化遗产的保护来说,不管是在国内还是在国外,都是一个有较大难度的工作。其中,如何对"文化空间"施加更稳妥的保护,也没有统一得到认可的方法。通过对国内外相关资料和方法的研究,对非物质文化遗产的文化空间的保护应首先遵循如下原则。

(1)完整性和真实性原则。

对非物质文化遗产的文化空间的保护要遵循完整性和真实性的原则。

对非物质文化遗产文化空间的保护要严格遵循与坚持整体保护的原则,而不能有所选择,造成片面、分割和单一地保护行为。这主要是因为文化空间本来就是一个系统的整体,其中每一个要素对文化的传承都有影响作用,一旦其中某方面出现了缺损或破坏,则都会使文化空间受到不同程度的损伤。

对非物质文化遗产文化空间的保护应保持它们的真实性,维护和维持它被认定的文化价值、特性,即便在传承过程中文化出现了变迁,这也是在变化的合理性之内的,也被认为是一种真实的变化,符合文化发展的规律。

(2)生态性与生活性原则。

非物质文化遗产的文化空间的产生依托于发源地的地理、自然等众多环境因素的影响,因此它具有典型的生态性特征。所以,在对其进行保护的过程中,要时刻认可和遵循它的生态性。一般来说,许多文化的出现是与传统及民俗保持一致的,为了能做到更好地保护,就要将文化空间赖以生存的自然和文化的生态保护好。

非物质文化遗产是一种活态的、动态的,始终处于发展中的文化,确切地说,是一种生活的文化,它与人们的生活是紧密相关的。如果在传承过程中与人们的生活脱离了,则其生命力会大大降低,直到最终远离人们的视野。

(3)动静结合原则。

对非物质文化遗产文化空间的保护要遵循动静结合原则,它是指要对文化空间中的动态文化、演示艺术、民俗行为等进行保护时要与静态的实物、碑刻、文本等相结合,如此实现对动态与静态两种文化的共同保护。这是对少数民族传统体育文化这类非物质文化进行保护的一种必要方式。

2. 少数民族传统体育空间保护的基本措施

对少数民族传统体育文化空间的保护一般可以从以下几个方面着手。

(1)申报联合国"人类口头和非物质文化"遗产和国家级非物质文化遗产。

通过将项目申报联合国"人类口头和非物质文化"遗产的行为,能够提升人们对文化保护工作的意识和行动,让更多的大众认识到相关工作的重要意义。

2006年9月,国家财政部、文化部印发了关于《国家非物质文化遗产保护专项资金管理暂行办法》的通知(财教[2006]71号),为非物质文化遗产设立了专项基金。少数民族传统体育申报国家非物质文化遗产,要以"民间传统体育"进行整体申报,或是对其中一些濒危项目重点申报,以此通过国家的力量实现对少数民族传统体育文化空间的保护。

(2)对少数民族传统体育的传承人实施保护。

少数民族传统体育的传承人是其文化得以延续的基石。少数民族传统体育的技术与文化始终都是以活态地、动态地形式存在着的,如果只是单凭对物质或对静态事物的保护是不足以实现预期的保护效果的,只有人与人之间的动态传承,才能保障和维持少数民族传统体育文化的存在与发展。如此看来,对传承人的保护就成为了保护工作中的关键环节。

(3)对农村少数民族传统体育表示重视。

众所周知,我国众多少数民族生活在较为遥远的边疆地区,这些地区普遍为我国的农村地区。这为少数民族传统体育保持其原生态的状态提供了有利条件。如此可以说,少数民族传统体育的文化空间主要存在于农村,因此,在日后的保护工作中,要加强对农村少数民族传统体育的关注。

二、少数民族传统体育传承的环境类型

任何文化的传承都依托在某种环境之中,少数民族传统体育的传承也是如此,其也会受到各种自然环境或社会环境的影响。这一环境也受到人类生活和发展的影响。由此也可以将少数民族传统体育的传承环境分为自然环境和社会环境两大类型,两类环境相互影响、相互制约,构成一个整体,这主要体现在传承单位、传承基地和文化生态保护区三个方面。

(一)传承单位

这里首先要解读一下关于"代表性传承单位"的含义。对于非物质文化遗产的保护来说,实施的单位种类很多,这些单位并非都是专门开展保护工作的,或者说大部分单位对于保护传承来说,只是"普通单位"。但"普通单位"和"专门单位"之间还是有一定关联的。这里我们主要对专门性传承单位的满足条件进行说明。

(1)传承单位必须以弘扬和保护少数民族传统体育为宗旨。日常要积极组织举办各类少数民族传统体育比赛或表演等活动。

（2）具备一些少数民族传统体育的原始资料和实物,进行科研探索,并取得一定的成果。

（3）拥有若干传承人,且这些传承人,在相关项目的学术研究和技理传播方面有所建树,以及这些传承人在开展和参加传承活动方面抱有热情。

（4）在业内范围内具有一定的代表性,以及获得具有较大影响的公共认可。

（二）传承基地

传承基地是进行少数民族传统体育传承环境保护的重要内容。最常见的少数民族传统体育的传承基地就是学校,如传统武术在 2007 年被纳入到中小学体育课程内容当中。但由于学校对专业的传承行为来说尚有专业性上的欠缺,尽管在普及上有值得认可的地方,但对于培养传承人来说确实不是一个有效的场所。这一问题的关键就在于学校教育是阶段性的,而不是终身的。这使得学生如果离开学校后并没有以传统武术为职业发展方向的话,那么传承行为也就结束了。这也是将学校当成少数民族传统体育传承基地的缺陷。

一些省市的非物质文化遗产的保护试点,从工作中总结出的经验可以了解到,在传承保护工作中应以传承单位为核心,并且做适当地外延。还是以学校中开展的传统武术活动为例,如某学校的武术系是传承单位,则可以将此学校通过申报的方式升级为传统武术传承基地。这是一种对少数民族传统体育文化进行弘扬和传承的有效方法,同时也是对传承基地的一种保护。

（三）文化生态保护区

少数民族传统体育的文化生态保护区,是一种对其文化中所有涉及的人、物、环境等进行整体保护的环境类型。具体的保护范围,包括运动所需的场地、参与或欣赏的人群、相关社区以及相关的文化和环境等。然而其涉及的范围和内容多样,在实践保护工作中会有较大的难度,因此我国目前对这方面的保护尚处于起步探索阶段。

少数民族传统体育生态保护区与前面提到的传承单位之间,有很大的不同,最大的不同就在于少数民族传统体育的生态保护区的灵活性不足,会受到诸多因素的影响。另外,生态保护区绝对不能与"民族传统体育项目之乡"等同,"民族传统体育项目之乡"的评选要经历许多严苛的考评,比如乡土性、历史性和技艺性等,但是一经评选上便没有再对具体的保护措施有严格的要求。而反观生态保护区,对其的划分与认定并不会那么严格,但一经被确立后,就必须严格执行相关的保护措施。

　　针对某一少数民族传统体育项目之乡的评选,也是对少数民族传统体育传承环境进行保护的一种方式。保护的具体方式通常为举办少数民族传统体育运动竞赛,这是达到预期效果的最好方法。不过,既然是要以竞赛的形式出现,那么传统体育或多或少就会向竞技化的方向转变,这显然又与少数民族传统体育文化的本质属性有所不同。因此,当前更应该提倡建立的还是少数民族传统体育文化的生态保护区。

　　总体来说,为了做好少数民族传统体育传承的相关工作,首先要确立传承单位,然后在形态保存完整、具有特殊价值、特色鲜明的民族聚居村或者特定区域建立传承基地和文化生态保护区,然后倡导各相关单位充分利用传承基地,开展少数民族传统体育文化的传承工作。具体的少数民族传统体育传承环境如图 3-1 所示。

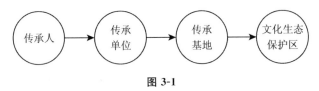

图 3-1

第四节　传承管理

一、国外传承管理机构

　　为了做好非物质文化遗产的保护与传承工作,很多国家都设置了相对完善的传承管理机构,其中较有代表性的有我们的近邻日本和韩国。就日本来说,日本国内许多从事非物质文化遗产的传承管理机构,并非是在一朝建立起来的,其也经历了慢慢完善的过程。1950 年,日本文部省组建了"文化财保护委员会",该委员会由五名文化专家组成,下辖专门的文化遗产保护的指导、咨询和调查审议机构。这是当时日本在保护物质和非物质文化遗产领域中的最权威、最高级的机构。为了能够更加细致地开展保护工作,日本政府又组建了"地方公共团体及教育委员会"来具体负责各地方的文化遗产保护工作。1968 年,日本将"文化财保护委员会"改制为"文化财保护审议会",直接设在国家文化厅内,这一位置几乎等同于我国的国家文物局。在地方也都设有"文化财保护审议会",保护当地的文化遗产。

除此之外,日本还在无形文化遗产研究方面设立专门机构——"国立文化财研究所"和"奈良国立文化研究所"来负责无形文化遗产的资料调查和分析工作。而在民间,日本政府也设置了一些研究机构,如早稻田大学演剧博物馆就是主要负责日本传统戏曲推广与保护的机构之一。这些机构在日本历史文化遗产的保护中,发挥着不可替代的作用。

再来看韩国,韩国于1962年成立了"文化财委员会",以此作为对文化遗产进行保护的机构。该委员会隶属国家文化财厅,根据文化遗产的分类进行了分课,每一课都由文化遗产保护团体、研究机构、大学的专家组成,另外还聘请了上百名各界文化遗产的委员,这些委员的工作为定期审议文化遗产的情况,给国家确立保护项目提出中肯的建议。

二、我国传承管理机构

我国在开展非物质文化遗产的保护工作中遇到了一些问题,如少数民族传统体育申报非物质文化遗产的归属,与实际不符,还有传承人不明确或受到争议等。之所以出现这些问题,与负责相关事务的部门和人员长期对少数民族传统体育文化的认识不足有关,这就导致了制度的建立也不够完善。从历史上来看,少数民族传统体育文化向来都是较为脆弱的,任何狭隘的归类,都会阻碍少数民族传统体育的传承和发展,而只有将其归属于文化部门下管理才能更加彰显其文化属性,并且这也最有利于文化传承工作的顺利进行。

我国的非物质文化遗产项目从结构上看呈现一个金字塔形,其从低级到高级共有四级,每个级别都可以公布项目名称。高等级的项目,其优势在于能够得到很多经济优惠政策,为此,众多项目都期待能够争取到较高的级别,如此一来就更容易出现一些申报乱象。为了让所有少数民族传统体育文化都能得到应有的保护,有学者认为传承管理机构应该设为三级,即国家、省、市。由市级研究认定入选项目,省级研究认定传承人选,各个项目之间没有三、六、九等之分,一律平等对待。

为了将对文化遗产的保护工作做得更加细致到位,我国也可以适当借鉴日本和韩国的文化遗产保护措施,设立少数民族传统体育传承工作委员会,并吸收各项目的代表人物参与其中。

由上可知,不管是日本、韩国还是我国的文化遗产保护机构,其人员的配置都具有地域化、多元化等特点,注重搜集地理、历史、社会、民俗等信息来支持认定工作。在机构管理机制上,应依据联合国关于非物质文化遗产保护的相关文件中规定的"国家在保护非物质文化遗产的活动中，要努力确保创造、保养这些非物质文化的社区、群众以及有时是个人的最大限度的参与，并积极地吸收他们参与管理"，特别要注意杜绝"官俗化"的问题。

第四章　少数民族传统体育的发展理论研究

社会在新时代中的变化可谓是非常迅速的,这种社会变化的新气象,也改变了少数民族地区群众的意识与生活,不仅如此,这种改变还涉及经济基础、上层建筑、生产力、生产关系。这样的社会大背景就对以少数民族传统体育为主题的研究提出了新的要求和内容。本章就对少数民族传统体育的发展理论进行研究,以期系统梳理少数民族传统体育发展的影响因素、现实问题及发展趋势,并最终为针对性地探索少数民族传统体育的发展策略提供依据。

第一节　影响因素

一、政治因素

政治对少数民族传统体育发展的影响,主要体现在政治制度和政治环境两个方面,下面对此展开分析。

（一）政治制度的发展方向对少数民族传统体育发展方向起到重要的规定作用

政治制度发展方向对少数民族传统体育发展方向起到巨大的规定作用,同时,也对少数民族传统体育的兴衰具有重要的影响。例如,我国《宪法》序言中明确写道:"中华人民共和国是全国各族人民共同缔造的统一的多民族国家。平等、团结、互助的社会主义民族关系已经确立,并将继续加强。在维护民族团结的斗争中,要反对大民族主义,主要是大汉族主义,也要反对地方民族主义。国家尽一切努力,促进全国各民族的共同繁荣。"《宪法》不仅是法的表现形式,而且在一国法律体系中居于最高地位和核心地位,《宪法》往往被称为"法律的法律",它是规定国家的根本任务和根本制度,保障公民基本权利和自由的国家根本大法,是治国安邦的总章程,具有最高的权威和最高的法律效力。从《宪法》中可以看出,国家根本大法的基本要求就在于维护和发展各民族的平等、团结、互助关系,需要强调的是,这一基本要求也是我国发展少数民族传统体育应遵从的基本要求。

2011年2月25日,第11届全国人民代表大会常务委员会第十九次会议通过的《中华人民共和国非物质文化遗产法》中,第四条指出:"保护非物质文化遗产,应当注重其真实性、整体性和传承性,有利于中华民族的文化认同,有利于维护国家统一和民族团结,有利于促进社会和谐和可持续发展。"这部法律在一定程度上,规定了我国民族传统体育发展的内在方向。

《全民健身计划》中强调:"大力开展田径、游泳、乒乓球、羽毛球、足球、篮球、排球、网球等竞技性强、普及面广的体育运动项目,广泛组织健身操(舞)、传统武术、健身气功、太极拳(剑)、骑车、登山、跳绳、踢毽、门球等群众喜闻乐见、简便易行的健身活动。"要求:"积极发展少数民族体育。建立健全基层少数民族体育协会。重视培养少数民族体育教师、社会体育指导员和高水平体育人才。在少数民族地区开展以民族优秀体育项目为主要内容的体育竞赛和活动,在学校体育课和课外活动中设置与优秀民族体育项目相关的教学内容。建立少数民族传统体育项目培训基地,发展'少数民族传统体育项目之乡'。办好少数民族传统体育运动会。"由此可以看出,国家从增强人民体质,加快体育强国建设进程的政治高度,高度重视少数民族民间传统体育传承、交流与展示工作,以及民族民间传统体育项目的发掘整理和传播推广工作,从而积极推动了各民族、地区间的交流,也进一步扩大了少数民族、民间传统体育的国际影响力。全民健身计划的实施为我国少数民族传统体育的进一步发展提供了良好的政策基础,使我国少数民族传统体育的发展从政策上得到了保障。

总体来说,各类政策文件和法律文本充分体现了政治制度的方针,将我国少数民族传统体育的发展方向明确规定下来,同时为我国少数民族传统体育的持续发展奠定了坚实的政治基础。

（二）政治环境在一定程度上制约着少数民族传统体育的发展

从少数民族传统体育的发展历史来看,其和人类的其他活动一样,都是较为复杂的社会现象,它的发展在一定程度上,受到社会政治环境的制约。不同社会时期的政治环境,都会对少数民族传统体育发展和功能价值的演变和发展造成一定的影响。

"文化大革命"时期,体育也卷入了这场政治斗争,各项体育工作几乎停止,大批场地器材受到严重破坏。从1966年开始,全国范围的"破除旧思想""破除旧文化""破除旧风俗""破除旧习惯"运动兴起,在此背景下,许多少数民族传统体育活动因被视为封建迷信的产物而被迫停止,民间的各种组织机构也不再组织体育活动,民间体育处于瘫痪状态,学校体育教学内容也是以军事性质的活动内容和西方体育为主。在这一背景下,带有宗教色彩的祭祀性民族传统体育的功能价值,开始发生改变,体育活动的祭祀性内涵受到挑战,并逐渐弱化。总体来说,这一政治环境对少数民族传统体育造成了不可估量的损失。

中共中央十一届三中全会提出了拨乱反正,确定了社会主义初级阶段的基本路线,把经济建设作为中心工作,实行改革开放,实施经济体制改革,强调"基本路线要管一百年,动摇不得"。从此,改革开放的历史序幕拉开,国家开始降解放生产力和发展生产力作为重点,开始实现国家现代化建设目标,建设和发展有中国特色的社会主义。这一重大变革,充分调动了全国各行各业的积极性和创造性,在短短几十年里社会从封闭状态走向全方位的开放。1986年国家体委颁布《关于深化体育体制改革的决定(草案)》,开始实施体育体制的改革,1993年国家体委发布了《关于深化体育改革的意见》,其中指出要逐步建立符合现代体育运动发展规律,由国家调控、依托社会、自我发展、充满生机与活力的体育体制和良好循环的运行机制。从此,体育事业在良好的发展氛围中,取得了可喜的成就。例如,许多少数民族传统体育项目开始恢复,不再被当作"封建迷信"的产物而被限制,而且少数民族传统体育作为中华民族优秀文化知识宝库的重要组成部分,受到了党和国家的高度重视。至此,我国少数民族传统体育的发展迎来了新的历史发展时期。

21世纪,和平与发展是时代的主题,该主题的确定,是对世界各国人民长期以来反对战争、争取和平、振兴经济、促进发展的共同愿望和不懈努力的肯定。同时,体育运动在国际和平以及促进社会经济发展、提高人民健康水平中的地位与作用,也得到了高度重视,并确定了体育运动的价值在于创造更美好的未来、更美好的世界。根据2015年千年发展目标,联合国起草了《体育促进和平与发展报告》,该报告得出了体育运动是促进和平与发展的有效和实用的工具的结论。

总体来说,政治对少数民族传统体育的发展具有直接或间接的影响,这与历史发展阶段紧紧联系。同时,少数民族传统体育也通过自己的特殊作用,积极为民族政治服务,这是社会对少数民族传统体育的客观要求。

二、经济因素

少数民族传统体育始终以经济生活为依托,经济作为体育活动的基础始终不可动摇。具体来说,经济对少数民族传统体育发展的影响,表现在以下几方面。

（一）经济发展对少数民族传统体育的社会需求起重要的决定性作用

少数民族传统体育与社会其他活动一样，是社会经济发展到一定阶段的产物。体育活动是在物质资料生产活动的基础上产生的，物质资料生产是体育赖以存在和发展的基础。马克思主义认为，人的社会需要是人们一切活动产生和发展的动力，体育也毫不例外。也就是说，体育和人们其他行为一样，它的产生和发展不能用思维或其他东西解释，而应当用需要来解释。体育是人的需要的产物，人对体育的需要正是体育产生、发展的原因和动力。而人的需要则取决于人们所处的社会条件和生活条件，取决于人们在经济关系中所处的地位。由此可以得知，人类社会对体育的需求，对体育运动的创造，都是在经济这一重要的前提下而进行的。因此可以说，当时的社会经济条件对这些产生重要的决定性作用，而不是人的主观愿望意志起决定作用。另外，社会生产力的发展水平也在很大程度上决定着其最终的实现程度和实现方式。

不同历史时期，经济发展水平不同，对少数民族传统体育所产生的影响也有所差别。由于原始社会生产力水平极其低下，体育只是在人与自然界斗争的物质生产活动之中，孕育萌芽，并没有成为物质生产活动之外的独立活动形式。奴隶社会、封建社会的生产力有了一定程度的发展，但社会剩余产品不多，自然经济形态占统治地位，产业分工与分化程度还很低，体育发展还是处于萌芽状态。新中国成立以来，我国社会主义经济建设取得了巨大成就，特别是改革开放以来，国民经济快速增长，创造了举世瞩目的"中国奇迹"。我国经济实力大幅提升，人民生活水平显著提高，人们关注自己的健康和文化，体育活动也逐渐成为人们日常生活的一部分，这就为少数民族传统体育的发展，提供了良好的空间。但是，我国少数民族聚集区大多在边远山区，经济水平较低，很多地区还停留在解决温饱的水平线上，因此，这些地方要开展大规模的民族传统体育运动，还有很大的困难。

（二）经济发展水平对少数民族传统体育的发展规模和水平具有制约作用

体育的发展与经济的支持有不可分割的联系，国民经济的发展规模、速度和水平在很大程度上，对体育的发展速度和水平有制约性影响，归根到底，这一现象是由社会生产力发展水平决定的。

1. 经济能够保证少数民族传统体育发展在资金和物质方面的需求

没有社会生产力的发展,没有经济为体育提供资金和物质条件,体育的发展将是一句空话。历史上,欧洲之所以能够成为现代体育的主要发源地,根本原因在于其生产力水平高,经济发达。

少数民族传统体育是在生产力与经济发展的基础上发展起来的,可以说,少数民族传统体育的发展在很大程度上依赖于经济发展提供的资金和物质条件。我国少数民族主要分布在西北、西南、东北等地方,大多属于贫困和落后的地区,经济文化相对落后,人们的经济收入较低,生活还不富裕,体育设施比较差,交通闭塞,与外界来往少,致使少数民族传统体育发展还不是很理想。随着国家对群众体育活动的高度重视,各级政府加大了对少数民族传统体育发展的投入力度。目前,我国经济发展不平衡,致使一些经济落后地区的少数民族传统体育发展缓慢。但总体上来说,随着我国经济的快速发展,随着政府对少数民族传统体育的大力投入,我国许多优秀的传统体育项目已经从高山、峡谷、边陲村寨、大漠草原,走向中华大地,走向了全民健身的行列。

总体来说,少数民族传统体育在实践中,正走向一个空前发展的新时期,并将在开拓外向、多元化的道路上不断前进,为全民健康提供强有力的后盾。

2. 经济对少数民族传统体育自由支配的时间具有制约作用

经济对体育参与的自由时间,具有一定的制约作用,具体是通过经济制约消费结构的变化而产生作用的。根据马克思生产与消费的理论,生产对消费起到重要的决定性作用。消费结构,即人们在消费过程中各种不同消费资料的组合关系和量的比例关系,而消费资料的组合关系,归根到底,是时间的比例关系。社会生产力的发展,不仅会改变人们的劳动方式,而且还通过劳动生产率的提高,消费品的数量和品种的增加而改变人们的消费结构,即用于生产劳动,工作和家务劳动时间逐步缩短,用于劳动者自由支配的时间逐步增加。随着人类社会经济的发展,消费时间结构的变化,参加体育运动的人数和时间必将越来越多,体育活动的内容也会日益丰富。这就充分反映了用于体育活动的自由时间的增多和当代人生活方式的变化。而这种消费时间结构的变化,不仅会引起体育结构的变化,同时也会对人们总体有限时间结构的变化,产生重要影响和制约。

人们在余暇时间内主要从事哪些体育活动,可以反映出少数民族传统体育在人们生活中的地位。调查发现,少数民族在余暇时间从事的活动内容较为单调,少数民族人民还没有从繁重的家务劳动时间中解放出来,因此,少数民族传统体育的发展受到了制约。

　　3.社会关系对少数民族传统体育的社会性质起到制约作用

　　少数民族传统体育的社会性质,在很大程度上受社会关系的制约。而社会关系又是在不同的社会中体现出来的。比如,原始社会,社会生产关系是以原始群体为主体,他们在动物界的自然斗争中求生存,人与人之间的社会关系是一种平等的与自然斗争的关系,相互之间不存在利益的差别。那时体育只是在人群与自然界斗争中的一般生产劳动中或活动中孕育着、萌生着,并没有成为社会活动之外的独立形式。在奴隶社会中,奴隶制生产关系占统治地位,体育的社会性质只能是为奴隶主阶级的利益服务。在封建社会取代了奴隶社会之后,封建的社会生产关系占统治地位,它不仅促进社会生产力的发展,也使农民有了参加身体锻炼的自由,出现了划龙舟、武技等一些民间的体育活动,成为农民强身健体和农闲时期的娱乐方式。但从封建地主阶级的利益出发,体育主要用于为统治者"练兵习武",成为培养封建专政工具的手段。在封建统治阶层,体育活动则主要成为封建阶级养生、健体和消遣的手段。到了现代资本主义社会,因为有了比较完善的收入再分配制度和政策,以及生产力的发达和人们总体收入水平的提高,体育产业开始发展起来。一方面,体育活动已经成为劳动人民强身健体和休闲娱乐的基本需要;另一方面,体育已经深深融入市场经济社会而成为经营者盈利的事业,满足不同的体育需求。

　　社会主义社会,其生产关系是以生产资料公有制为基础的,劳动者在社会主义生产关系中的地位从根本上发生了变化,劳动者的"社会需要"的社会性质越来越显著。在社会主义生产关系条件下,劳动者的物质生活越来越充裕,为了进一步满足劳动者体力、智力、道德素质全面发展的需要,我国积极推广各类民族传统体育项目,让更多的人了解、认识并参与少数民族体育活动,让更多的人感受少数民族传统体育项目所带来的快乐和健康。当前我国正在积极推行和实施"全民健身计划",这就使社会和人民群众对体育的需要得到了最大程度的满足,同时,也在一定程度上体现了社会主义生产关系对体育的重要影响。

三、文化因素

　　少数民族传统体育本身就孕育出了一种自身文化,其自然会与其他民族文化有着紧密的关联,二者呈现出相互影响、相互促进的关系。

（一）少数民族传统体育中渗透着的文化内涵

在我国漫长的文化演变史中，我国的民族传统文化中有不少渗透少数民族传统体育文化中，然后再历经长期的发展与积淀，最终形成了具有丰富文化内涵的少数民族传统体育体系。少数民族传统体育中蕴含的文化主要可以体现在如下几点中。

1. 少数民族传统体育中渗透着"以人为本"思想

"以人为本"的思想关注的是人的道德实践，这对于人的精神开发和个体道德的建立是非常重要的，并且这也是我国文化中人文精神的体现。在这一思想的影响下，"以人为本"的伦理文化逐渐形成并被人们广泛接受。目前人们所知的少数民族传统体育中几乎都能探寻到这种文化印迹，这种印迹在少数民族传统体育文化形成的初级阶段中表现最为明显，最典型的例子，就是其在传播过程中教学双方表现出的师道尊严倾向、严格的拜师求艺程序、严谨的师徒关系、严肃的武德武戒等。对于个人技艺的传承评价来说，人们追求"德艺双馨"的标准，并且将"德"置于首位，体现了我国文化中尊重人格、人性和人品的思想，这点与西方体育文化对人的影响有着本质上的不同。我国社会历来看重人的德行，这种文化内在力量在 21 世纪的我国社会中依然发挥着作用。不得不说这是中华民族传统体育对人类文明作出的重大贡献。

2. 少数民族传统体育中渗透着"天人合一"思想

"天人合一"是我国传统哲学中揭示正确的人与自然和谐相处的学说。在我国传统的儒家理论当中，"天"即是整个外在自然界，这是万物构成的本源。因此，我国自古就有许多与"天"有关的谚语，如"唯天为大""生死由命，富贵在天"等。简单解释其含义为，天与人之间是有感应的，两者其至应该是一体的，世间万物的变化都会对人产生影响，反过来人的变化也能反映出自然的某种变化规律。天与人之间如果能达到一种平衡的状态，就能显现出彼此之间的和谐，两者可以合而为一，如此就达到了"天人合一"的状态。显然这一思想是对人和天之间的关系的一种表述，而对于人来说，要想顺利完成某件事物，以及通过自身的努力改变事物，都需要努力顺从天、地等自然的变化。少数民族传统体育的产生也受到这一思想的影响，其在发展的过程中就逐渐产生了人与天协调统一的活动内涵。其中的典型代表是我国的传统养生导引术，要求每个动作都要强调内外合一，动静有常的理念，此外还要求在活动形式上内外兼顾、以内为主，习练方式上要顺应天时地利。其实,不仅是传统导引术,我国传统体育的代表武术,也讲究师法自然,追求人与自然的和谐统一。在传统武术中,武者注重从大自然中吸收营养,甚至在拳法动作上,都会模拟某种自然生物,将其与人体运动规律和技击方法相结合,从而创造出多种多样的武术派别和技法。

3. 少数民族传统体育中渗透着"贵和尚中"思想

在我国众多传统文化思想中,"贵和尚中"是较为重要的一个。这一思想长久以来就是我国统治阶级管理国家各项事务的行为准则,具体表现为政治制度向包容化越发迈进,文化也倾向于融合。至今,这种文化思想对少数民族传统体育构成影响在于其支撑着这类传统运动多元并存的共荣状态。经研究发现,在少数民族传统体育文化中存在着众多有着不少相似点的运动项目,这就是一种同类项目多元表现的形式。实际上,这里面就蕴含了"贵和尚中"的思想。少数民族传统体育在历经了长久磨炼后,一直将文化价值的项目内容保留下来,并将与之不符的项目内容予以摒弃。正是因为遵循了这种历史变迁法则,才使得今天人们看到的少数民族传统体育项目依旧留存有较高的文化价值。在文化全球化日益成为主流的当今社会,"贵和尚中"之于少数民族传统体育文化发展的指引作用依旧值得重视。

4. 少数民族传统体育中渗透着"刚健有为"的思想

"天行健,君子以自强不息""刚健中正,纯粹精也"等思想,都体现出中国人自古就崇尚"刚健有为"的思想。这种思想对少数民族传统体育带来的影响主要是激发了运动中的刚健属性。在了解少数民族传统体育项目后不难发现,其中大部分项目都属于阳刚类型,即便是少部分如静似柔的项目,其中也包含不少刚柔相济的成分。总之,这些项目几乎都不缺少"刚"的成分。特别是在尚武的时代,包括少数民族传统体育在内的民族传统体育更加彰显出刚硬的本色。即使是在重文的时期中,"刚"的属性即使受到遏制,但民众心中却没有完全遗失刚健意识。实际上,许多不同时期的统治者也能深刻认识到民族传统体育的价值,也试图通过此种方式培养民众的刚健思想,如此可使民族群众体质得到提升,民族精神得到振奋,民族文化得到弘扬。这就是刚健之后"有为"的具体表现,可见刚健有为、自强不息的精神对于社会的发展和民族文化的繁荣所起到的重要影响。

(二)少数民族传统体育充分体现出了文化特性

少数民族传统体育作为我国民族传统文化的组成部分,是对传统文化的一种良好丰富和补充,其在长期的发展中不断得到完善,以致其从最初单纯的一种运动衍生出了属于其自身的文化。其所表现出的文化特征主要有以下两个方面。

(1)少数民族传统体育是文化认同的标识。

(2)少数民族传统体育对传统文化价值予以了强化。

(三)宗教信仰中的消极因素

从根本上讲,宗教就是人们的一种信仰,其对人们的价值观构成影响。但不可否认宗教的确也是文化的组成部分,甚至其与其他许多文化形式的关系还极为密切。我国许多少数民族都有属于本族的宗教信仰,这在他们的日常生活中是不可或缺的,以至于一个民族的特有情感和心理需求都要通过宗教信仰的形式予以寄托。为此,在一个民族各方面文化中就不难看到宗教影响留下的深刻烙印。就少数民族传统体育运动来说,就有不少是从宗教活动中演化而来的。

对于少数民族传统体育的起源和发展来说,宗教信仰在其中所起到的作用是毋庸置疑的,但这并不意味着它对少数民族传统体育就一直提供的是积极的帮助,消极的制约因素也是存在的。这在信仰原始宗教的少数民族中体现得比较突出,具体的消极因素有以下几点。

1. 偏离娱人和健康的轨道

原始宗教信仰中不免会存在一些迷信的内容,如果这些内容融入在少数民族传统体育之中的话,则会使体育活动远离人们的生活,变娱人活动为娱神活动,如此就谈不上给人带来的多元化价值了。当然,这种情况不只存在于少数民族传统体育的发展中,甚至对于我国所有民族传统体育的发展来说都是一种桎梏。

2. 破坏民族团结,影响体育文化交流

原始宗教中经常会出现以部族集团为对立面的祭祀活动,这些意识在融入了少数民族传统体育运动之后,就给运动施加了更多迷信的阴影。例如,有些传统体育运动的胜负成了预卜吉凶的依据。种种这些会引发众多民族间的纠葛和冲突,如此显然对民族团结和各民族的传统体育文化交流不利。

3. 造成民族的狭隘思想,妨碍民族体育发展

图腾崇拜、祖先崇拜以及众多神话会助长各部族的中心主义思想,这

会使人们形成狭隘的民族意识和排外思想，不利于各民族之间在各方面的交流，当然这对少数民族传统体育的发展也是一种阻碍。

还有一点需要提到的是，由于具有浓厚的宗教色彩，少数民族传统体育活动中存在陈旧的、繁缛的仪式、程序、形式，这些内容不能被去除，否则就是对祖先或神灵的不敬。如此一来，体育运动就显得并不单纯，这也是人们参与民族体育活动的思想和行为的一种束缚，自然不利于长久发展。

四、其他因素

经济因素、政治因素、文化因素等是影响少数民族传统体育发展的主要因素。但除此之外，还有一些因素也会对少数民族传统体育的发展构成影响，如人们生活方式的转变，少数民族传统体育自身的问题以及交流上的固步自封等。

（一）生活方式的转变

现代社会的飞速发展，各方面条件今非昔比，这使得人们的生活方式发生了较大变化，以此也致使少数民族传统体育发展非常依赖的基础环境也发生了改变。生活方式的改变使得人们开始谋求新的事物，那些传统体育活动已经不能再满足人们的需要，并在逐渐被边缘化后淡出了人们的视野。

然而生活方式的转变，对于少数民族传统体育的发展来说也不都是消极的。生产力的提升让更多的劳动者有了闲暇的时间，这对于少数民族体育发源地的民众来说，是非常理想的开展休闲体育活动的条件，很多的人开始寻求现代的休闲娱乐方式。在这种情况下，传统体育活动的休闲娱乐属性就被放大了出来，越发得到人们的青睐，人们参与活动的主动性更强，活动氛围也更加热烈。

（二）传统体育活动自身存在的弊端

从世界体育文化的发展角度上来看，不论是对哪种体育文化来说，都需要以进化的方式获得文化的纵向发展，同时还以传播的方式对文化进行横向发展，我国的少数民族传统体育文化的纵横向发展也是通过这两种形式而来的。只有文化以纵横两个方向发展，才能说其发展是全面的，这是少数民族传统体育文化发展的基本规律。需要清楚认识到的一点是，绝非所有少数民族传统体育活动都能够得到传承和发展，就目前在我国发展现状和前景良好的众多少数民族传统体育项目来说，只有那些兼具健身性、娱乐性、休闲性，并能与节日文化、旅游文化等关联较为密切的项目才能更好的获得传承。而某些项目则由于危险性高、技术含量高、受众面极小等原因很难被传承下来。这是传统体育活动自身弊端决定的。

（三）故步自封，缺乏对外交流和融合

我国各少数民族居住的地理环境通常较为封闭，而且地处偏远地区。地理环境以及人文环境等因素决定了民族与民族之间的相互交往受限。当然，也正是因为这些环境的限制才使得孕育出的众多少数民族传统体育形式各异，带有浓厚的民族风情。但不利的一点在于，不同民族之间的文化交流不畅，这会对包括民族体育在内的多种文化的发展带来限制。如今从文化的发展历史中可知，任何一种优秀的文化都不能固步自封，而是要跟上时代的发展，与时俱进，不断创新，这样才能永葆文化生机，否则只会一步步走向衰亡。

第二节　发展方向

一、少数民族传统体育技术和理论体系的科学化发展趋势

使少数民族传统体育能坚持可持续发展和科学化发展，是适应现代社会文化发展的必然要求，只有这样，其才能顺利传承，其文化才能影响到更多的人，让人们感受到它所带来的诸多有益价值。就此来说，在今天乃至未来很长一段时期，我国的少数民族传统体育将继续通过继承和扬弃，朝着科学化、规范化的方向发展，从而使少数民族传统体育进一步融入现代体育文化中。

二、少数民族传统体育与现代体育有机结合

现代人们所熟知的许多体育项目实际上是建立在西方科学基础之上的，以追求运动者外形上的锻炼，并以"更快、更高、更强"为目标的体育项目形式。相信以西方体育项目为主导的时代还会持续很长时间，但西方体育在理念上的格局限制，注定难以实现人类对生命本质追求的目标。

而少数民族传统体育的理念则恰恰相反，其追求的是修身养息、延年益寿、内外兼修。可以说，少数民族传统体育所展现出的是一种远远超出

体育范畴的价值。如此来看,少数民族传统体育是现代体育的一种有效补充,将两者进行有机结合将是运动者最为理想的体育理念。

三、少数民族传统体育与世界体育文化相互融合

我国有着悠久的历史文化,这些文化的缔造是由众多民族完成的,且在绵延的历史中形成了深厚的文化积淀,这些文化积淀也使中国在世界文化范围内具有得天独厚的优势。但由于历史原因,当今世界的主流文化是以西方文化为主的,这使得每个人在思想意识领域和创新能力方面,都更多地倾向以西方思维来考虑问题,这无疑是对我国传统文化观念的一种束缚。长期以来,我国的民族传统文化生命力脆弱,需要在保护中沿存,各个层面都缺少对传统文化行之有效的宣传和弘扬,以致出现了我国作为一个文化大国而文化产业发展滞后的奇怪景象。

面临这种局面,我国开始尝试对少数民族传统体育进行深入开发并向国外推广,力求更多地与世界文化交流互动,特别是自我国加入世界贸易组织后,这方面的工作开展得更多。如此积极的转变和有效方式,促使了少数民族传统体育走出封闭、古老的格局,逐渐在世界舞台上展现自身的魅力。这是一条非常正确的发展路线,为此,我们应该坚持开发少数民族传统体育的海外市场,争取早日成为世界民族传统体育文化大家庭的重要一份子。

四、少数民族传统体育进校园

随着人们生活的变迁,少数民族传统体育会逐渐融入民众的风俗习惯之中,发展成为一种集体性的、模式化的体育文化。这是一种必然的现象,而这种必然性是其核心中具有的传统基因和文化基础决定的。

我国少数民族传统体育文化已经传习了很长时期,可谓是积淀已久,诸如舞龙舞狮、爬竿、射箭、摔跤、秋千等少数民族传统体育项目蕴含着中华民族优秀的智慧、高超的技艺和高尚的品德。而要想使这一文化形式代代传承下去,就必须对其进行整理、研究、分析、继承。而在这方面,学校无疑是具有优势的。因此,将少数民族传统体育纳入教育体系理应是一种迫切性的需要。

具体而言,将少数民族传统体育纳入教育体系可以通过两种方法进行。一个是有计划地把少数民族传统体育项目纳入到学校公共体育课程内容当中;另一个是在高等体育院校设立民族传统体育专业。这两种措施能

够帮助我国培养少数民族传统体育的继承人,为其文化的发扬与传承储蓄一些人才,如此也是一种加速少数民族传统体育现代化发展进程的方式。

五、少数民族传统体育与旅游业融合发展

我国民族众多,各民族的传统体育项目都有着浓厚的民族特色。其中有不少项目非常适合作为体育旅游产业开发的重点项目,这得益于运动本身和民族风情对游客的强大吸引力。因此,应借助许多旅游市场火爆的春风,将少数民族传统体育与旅游业融合,打造富有特色的旅游产品。例如,赛马、射弩、摔跤、赛骆驼、抛绣球、秋千、跳竹竿、抢花炮等兼具竞技性、表演性和观赏性的项目已经成为许多地区旅游业的重点开发内容。不可否认,这也是未来少数民族传统体育发展的一条重要渠道。

六、融入全民健身计划

少数民族传统体育项目众多、内容丰富、形式多样,健身健心效果俱佳,并且其在我国一部分群众中还是有着较为广泛的群众基础。再加上这类项目往往对参与者的要求不高,所以老少皆宜,非常适合在全民健身运动中组织开展。

通过走访也不难发现,近年来乐于组织开展各种少数民族传统体育项目的社区、村庄、街道数量越来越多。也更能轻易看到人们放风筝、打陀螺、荡秋千的身影。相信在将来一段时期内,少数民族传统体育项目被引入到全民健身活动中的数量与形式会越发增多,随之普及面也会大大增加,最终成为人们休闲娱乐的重要途径和人际交往的重要纽带。

第三节　存在问题

一、自然发展效率减退

现如今,我国各地都在致力于加速城市化建设。但对于少数民族传统体育的发展来说,城市化建设改变了其原有的发展沃土,其发展所需的人文和自然环境受到了不小的冲击,由此也就使得少数民族传统体育的自然发展遇到阻碍,发展效率降低。这种不利局面主要体现在如下三点。

（1）自然发展主体日益流失。自然发展主体就是如今能够有机会参与、完善、创新、发扬和传承少数民族传统体育的个人或集体。从微观角度上说，自然发展主体就是在少数民族村落中生活的人。这类人的外流和缺失，直接导致民族传统体育的发展后继无人。

（2）自然发展主体缺乏主动研究少数民族传统体育发展的热情。就现实来看，少数民族传统体育的自然发展主体缺乏对传统体育进行理论认识的兴趣，甚至也没有把对其的发展看作是一种重任。如此使得本就缺少自然发展主体的少数民族传统体育的传承更显艰难。

（3）现代体育影响少数民族传统体育的自然发展。当前学校主流体育文化是以西方竞技体育运动项目为主的现代体育，青少年从小接触这类运动形式必然导致少数民族传统体育在他们心中的缺位。

二、重传统性轻现代性

少数民族传统体育的确是我国重要的民族传统文化之一，民族性和传统性是其重要特点。但在以适应现代社会开展的前提下，一味强调其传统性而轻现代性，必然会对其发展带来阻碍。这种观念具体体现在如下几点。

（1）对少数民族传统体育传统性的强调过于片面，导致了少数民族传统体育文化价值的流变。

（2）对少数民族传统体育传统性的误读。对少数民族传统体育的理论研究还尚处于起步阶段，这使得很多人对少数民族传统体育的传统性的理解并不全面，甚至有错误的一面。尽管有些地区看似重视少数民族传统体育，组织了不少活动和比赛，但由于缺乏现代化手段，实际上也并未真正有效地保护其文化价值。

（3）对少数民族传统体育现代性的错误理解。这体现在对少数民族传统体育的现代性理解就是竞技化和西化。于是，就照猫画虎地将西方体育的规则和组织方式套用在少数民族传统体育项目上，从而导致我国少数民族传统体育的现代化看起来重"形"轻"神"。

三、外力发展进展缓慢

所谓的外力发展，是指借助自然发展主体以外的各种力量所形成的发展方式。对于我国少数民族传统体育的发展来说，依靠外力支持其发展是必不可少的，也是较为重要的依托形式。在我国，最典型的对少数民族传统体育发展起到促进作用的就是由政府主导举办的少数民族传统体育运动会。但就支持的效果来说,的确起到了一定的促进作用,但仅限于此还远远不够,还有非常大的发展空间未能拓展。为此,只有最大化动员全社会的力量才能让人们更加关注并参与少数民族传统体育,这才是其健康发展之道。

四、缺乏健身价值挖掘

中华人民共和国成立以来,党和政府非常关心少数民族传统体育弘扬与传承的问题。为此,特组织举办全国少数民族传统体育运动会,被纳入正式比赛的项目,从组织方法到竞赛规则都进行了竞技化改良,如此使少数民族传统体育项目朝着更加竞技化和现代化的方向发展。然而,我国的少数民族传统体育毕竟不是西方竞技体育,它本身更在乎的是趣味性、娱乐性、表演性和健身性,是真正适合广大人民群众开展的一类项目。人们渴望从参与中获得满意的健身价值,如此看来,少数民族传统体育的发展采用竞技化模式,虽然可以保留其发展的完整性,但难以发挥其功效,同时也背离了大众性的文化内涵,从而导致少数民族传统体育缺乏大众健身价值的重要元素。

五、价值日趋"功利化"

在21世纪的今天,世界经济的发展正朝着全球化方向前行,这种经济发展趋向也给我国的少数民族传统体育的发展带来了变革,变革使其发展不再局限于满足民族生存和发展的需要,而是也展现出了"功利化"的趋向,这种变化使其与其本有价值出现了异化。

通过对我国少数民族传统体育发展的研究可知,在任何一个时期都没有出现过过于功利化的价值。但随着经济全球化而来的,却是一些民族将其传统体育施加了不少功利化色彩,使少数民族传统体育成为了发展经济和争名夺利的工具。例如,各级、各类的民族运动会上出现的运动员为争夺名次背后的经济利益,而使运动更加技术化,并导致使用兴奋剂和拜金主义等异化现象蔓延。实际上,对少数民族传统体育适当的赋予一些功利化色彩有助于其的传承,但这里我们要明确地是,对少数民族传统体育价值过于"功利化"则是对其文化内涵的扭曲,由此也为其发展带来了阻碍。

六、文化传承方式落后

少数民族传统体育能够世代沿袭直到今天,其关键就在于传承。然而传承的方式会对其传承效果产生影响。少数民族传统体育文化的传承方式主要有言传身教、传统节日、祭祀活动、游戏交流等方式,尽管这些世代相传的传承方法富有娱乐性和民族性,但从文化创新的角度来看,这些传承方法依然遵从旧路,没有创新的方法,更谈不上科学构建传承体系了。加之现代社会文化娱乐方式比较丰富,人们选择少数民族传统活动的热情降低,也导致了少数民族传统体育难以维持传承的不利局面。

七、脱离学校体育教育

少数民族传统体育走近学校,与校园体育相融合是其获得完善、发展与传承的必经之路。不过,鉴于以西方体育为主的竞技体育项目在学校中的主导地位,长期以来少数民族传统体育与学校的融合并不顺畅。究其原因,一方面,我国学校体育教育体系中对西方体育有较为成熟的理论,另一方面,我国历史上两次比较重要的现代教育改革,致使少数民族传统体育难以与学校体育相融合。除此之外,少数民族传统体育的文化结构也与现今学校体育教育相脱离。从学生的角度上看,一些少数民族传统体育的开展形式依旧沿袭了较为原始的形态,这与青少年追求新鲜、新潮和时尚的心理也是相悖的。体育学习的需求若无法得到满足,自然对其的兴趣就会降低。

八、制度保障尚需健全

少数民族传统体育的发展离不开全面的制度保障。就目前的情况来看,尽管我国出台了一系列针对少数民族传统体育保护与发展的相关法规制度文件,但现如今少数民族传统体育传承与发展环境已经发生了深刻的变化,这使得基于此前环境制定的法规制度已略显过时。另一点需要认识到的是,我国目前在保障少数民族传统体育发展方面的制度在教育、族群生活、宣传、项目竞赛和融资等领域的保障工作尚不完善。制度的不完善定会制约少数民族传统体育的健康发展。

九、专业人才资源匮乏

少数民族传统体育发展的诸多困境中有一项是最不容忽视的,那就是专业人才资源越发匮乏。在少数民族传统体育领域中的专业人才,主要是那些有资格承担运动指导工作的人才,这类人的缺乏严重影响了我国少数民族传统体育活动的开展。目前,我国大部分地区都没有建立专门从事少数民族传统体育运动的指导员培训机构,即便是全国少数民族传统体育运动会上的裁判员或教练员也多为从其他竞技项目临时借用的,其职位职责并不稳定、流动性较大。当前在少数民族传统体育的发展进程中,既具备过硬运动技能,又了解民族传统体育市场的体育人才奇缺。可见对这方面人才的大力培养工作应该放在重要的位置之上。

十、旅游带动效应不强

　　将少数民族传统体育与旅游业相结合,是一种非常值得期待的发展模式,这无论是对少数民族传统体育的发展,还是对旅游业的发展都是好事。两者结合的优势在于既能够借助旅游产业的平台发展少数民族传统体育,又能以少数民族传统体育的吸引力来促进旅游业。结合后的体育旅游业也可以向着更高层次发展,同时少数民族传统体育发展的也能借此发展得更加现代化和规范化。然而现实则是旅游市场上致力于开发少数民族传统体育旅游的热情不足,也可能这是相关市场开发人员尚没有找到二者互动发展的契合点,对这种结合后的市场前景看衰。这样一来,想通过旅游业的带动来开发少数民族传统体育的效应不强,带动效果非常微弱。

第五章　少数民族传统体育区域传承与发展

我国各地的少数民族传统体育都是经历了各民族漫长的历史发展，才呈现出今天人们看到的形态的。这些传统体育项目内容丰富、形式多样，无不蕴含着大量深厚的文化底蕴，是我国非常宝贵的文化遗产。各地区的少数民族传统体育项目均是传承与发展的主要对象与内容，加强对其区域传承能够为其奠定好一个传承的基础。本章主要对东南地区、西北地区、西南地区，以及东北和内蒙古地区的少数民族传统体育区域的传承与发展进行研究，并且总结少数民族传统体育的区域传承与发展策略。

第一节　东南地区少数民族传统体育

我国的东南包含的省份有广东、广西、福建、江西、安徽、浙江、湖南、湖北、海南和台湾等。这一地区的少数民族分布主要为壮族、土家族、布依族、苗族、侗族、瑶族、毛南族、仫佬族、畲族、京族、水族、仡佬族、黎族和高山族等。其少数民族人口总人数众多，几乎占全国少数民族总人口的30％左右。数量如此众多的少数民族人口必然促生了数量众多的少数民族传统体育项目。据统计，该地区的少数民族传统体育项目数量有180余种，形式主要为带有十足娱乐性的体育游戏以及各种民间体育等。

东南地区的少数民族传统体育发展与该地区的自然、生态、气候、地理环境等因素有诸多关联。该地区地处温带，属亚热带气候，终年湿润，雨量充沛，河流众多。基于这种自然环境，使得其所开展的传统体育项目中很多都与水有关，典型的项目有瑶族的游泳、踩独木划水；苗族、布依族、侗族、白族的龙舟；侗族的潜水摸鱼等。除自然环境外，该地区的少数民族传统体育项目的形式还与当地人们的生活生产方式有关，如有些项目就是从生产生活中的某种行为产生的。例如，土家族的打飞棒游戏，类似的行为最早被用来保护族人的劳动果实的，而在后来，则逐渐增添了更多的趣味性使之成为了一项颇具民族特色的体育游戏。

我国的东南部地区地域宽广，自然环境各异，这也就导致各民族的人文环境差异较大，最直接就体现在他们的生活习惯与方式上。这也在一定程度上影响到了该地区各少数民族的传统体育文化和活动项目。在研究少数民族传统体育的过程中,不难发现有很多节日直接用体育项目的名称来命名,如广西壮族的"陀螺节"。

对于东南少数民族传统体育的产生和发展来说,原始宗教的影响也是不能忽视的。地区各民族长期以来几乎都有属于本民族的自然崇拜、祖先崇拜、巫术崇拜、图腾信仰和多神信仰,其中祖先崇拜与多神信仰的影响力更为突出。例如,土家族的"摆手舞"就源于祭祀土家祖先的一种仪式。来到新时代后,过去依附在少数民族传统体育运动之上的迷信色彩被逐渐擦除,由此使得这项运动真正成为了一项健康向上、娱乐身心的民间节庆体育娱乐活动。

东南地区的文化可以说形成了一个独特的民族文化圈,其由楚巫文化、苗瑶文化以及其他文化互相交融而成。依托于这个有着强烈民族特色的文化圈中,就必然孕育出形式多样,有着鲜明风格的少数民族传统体育运动。这些体育运动更多被当作一种游戏活动在人们的闲暇时间或节庆时开展。例如,苗族的芦笙技巧,需要舞者边吹笙边做不同的造型,出色舞者都要经过训练才行;土家族的"藤操"项目,要求男女混杂,每人手持一条青藤,时而对舞、时而穿插,时而挥动青藤跳动。这些独具民族特色的传统体育项目,不仅能让参与其中的人达到了锻炼身体的目的,还能将蕴含在项目之中的愉悦氛围传达给自身及观看的人。

第二节　西北地区少数民族传统体育

西北地区主要包括陕西、青海、宁夏、新疆、甘肃 5 个省区,总面积达 310 万平方公里左右,占全国陆地总面积的 1/3 左右。这个地区分布着很多少数民族,因此也有大量的少数民族传统体育项目。据统计,除汉族外,现在西北地区有近 20 个少数民族,这些少数民族基本上都有自己独具特色的传统体育项目,据统计共有 246 项,接近全国少数民族传统体育项目的 1/4。这些少数民族传统体育项目的创造与发展,体现了我国少数民族劳动人民的进取精神和创造精神,地域性和民族性特征鲜明的民族传统体育活动极大地丰富了西北地区的体育文化。

受地理环境与生态环境的影响,西北地区少数民族的经济主要以畜牧业生产为主。而居住在新疆地区的维吾尔族、塔吉克族、哈萨克族、乌孜别克族、柯尔克孜族、锡伯族等长期经受草原游牧文化的影响,逐渐形成了具有民族特色的草原骑射类民族体育活动,如赛牦牛、赛马、骑射、马上角力、叼羊、姑娘追、飞马拾银等。居住在甘、宁、青等地区的藏族、裕固族、土族、撒拉族、蒙古族等少数民族,经济形式主要以农耕和畜牧为主,因此传统体育活动趋向于体力积蓄及与自然的较量,常见项目有拉棍、大象拔河、套马、拔腰、压走马、斗智等。而聚居在黄河上游或中上游流域的土族、回族、撒拉族、东乡族、保安族等,则形成了独具西北特色的水上体育项目,如牛羊皮筏竞渡、夹木过河、骑木划水、游渡黄河、人牛泅渡等。居住在沙漠地区的哈萨克族、维吾尔族、塔吉克族、回族、藏族、土族等多以骆驼作为载货和骑乘的工具,因而赛骆驼成为这些少数民族的特色项目。

西北地区有不少是以闲暇消遣、健身娱乐为主要目的的特色传统体育项目,如托举、棋艺、投掷、踢打等。还有很多是以竞技能力为主要表现形式的项目,如维吾尔族的顶瓜竞走,柯尔克孜族的月下赛跑,蒙古族的贵由赤,撒拉族的单把游、骑木划水、夹木过河,东乡族的牛羊皮袋泅渡,满族的滑冰、冰床、双飞舞,塔塔尔族的赛跑跳等。

西北地区的节庆习俗几乎都与传统体育活动有密切联系,节日期间各族人民不仅要进行歌舞表演,还要举行叼羊、马上角力、达瓦孜及斗狗、斗羊、斗牛等民族体育活动。这些传统体育活动不仅具有突出的强身健体价值,同时也给人们的日常生活增添了乐趣。

第三节　西南地区少数民族传统体育

我国西南地区少数民族众多,主要有彝族、藏族、门巴族、珞巴族、哈尼族、佤族、拉祜族、景颇族、布朗族、阿昌族、普米族、怒族、德昂族、独龙族、基诺族、壮族、土家族、苗族、羌族、回族、满族、仡佬族、傣族、傈僳族、蒙古族、白族、纳西族、布依族等。该地区环境特殊,拥有丰富多彩的生活方式和不同于其他地区的宗教信仰,形成了众多特色鲜明的民族传统体育项目。

据粗略统计,我国西南地区少数民族传统体育项目数量达 470 余项,如此多的民族传统体育项目占全国民族体育项目总数的 48%。不仅如此,其中具有显著代表性的项目有 70 余项。西南地区的民族传统体育项目有部分适合于山区、半山区之中开展,部分适合于坝区、河谷地带开展,有部分适合于水域中开展,还有一些项目不受地理环境限制,对场地条件要求低。西南地区的每一个体育项目都是传统民族浓郁文化特征的积淀,能充分反映本民族的风俗习惯和宗教信仰,或者代表着生产劳动、生活行为的态势。因而可以通过这些传统项目透视西南地区少数民族的物质、生产、文化和精神特征。

第四节 东北和内蒙古地区少数民族传统体育

　　东北和内蒙古地区主要包括吉林、辽宁、黑龙江三省以及内蒙古自治区,面积约 189 万平方公里。东北和内蒙古地区是我国的渔猎文化和游牧文化的主要发源地,主要有蒙古族、达斡尔族、满族、鄂温克族、鄂伦春族、朝鲜族、赫哲族等少数民族。蒙古族主要分布在内蒙古自治区,全区共有蒙古族人口约 380 万,占全国蒙古族总人口的 60% 左右;满族有 70% 以上分布在东北三省,以辽宁为最多,共有人口 980 多万;达斡尔族主要分布在内蒙古自治区和黑龙江省,人口 13 万左右;鄂温克族主要分布在黑龙江省和内蒙古自治区,有 3 万多人口,约占全国鄂温克族总人口的 30%;朝鲜族则主要分布在东北的吉林省,尤以延边朝鲜自治区为多;全国少数民族中人口最少的两个民族是鄂伦春族和赫哲族,人口总数不足万人,主要分布在黑龙江省和内蒙古自治区。

　　东北和内蒙古地区人民多体格健壮、毅力坚强,这也体现在该地区的传统体育活动和游戏方面,这就使东北和内蒙古地区形成了独特的传统体育文化。据统计,东北和内蒙古地区的民族传统体育项目共计 103 项,其中有 35 项是具有代表性的民族传统体育项目,包括满族的珍珠球、马术、赛马、骑射、赶石弹、射箭、跳马、打瓦、跳骆驼、冰嬉;蒙古族的博克(摔跤)、打布鲁、赛骆驼;朝鲜族的跳板、荡秋千、铁连极、顶水罐走、拔河、转瓢;鄂温克族的抢枢、打棍;鄂伦春族的打靶、滑雪、斗熊、赛皮爬犁;赫哲族的叉草球、叉鱼、玩冰磨、顶杠等。这些民族传统体育项目的产生、发展和传承主要受当地自然环境、生产劳动、宗教习俗、军事战争等因素的影响。

第五节 少数民族传统体育区域传承与发展策略

一、少数民族传统体育区域传承与发展现状

(一)区域民族体育文化生存的环境缩小

　　在 21 世纪的今天,我国社会正处于关键的社会转型期。随着现代化和工业化文明的不断冲击,孕育区域民族体育文化的农耕文化也已悄然发

生着变化。这一变化表现为农耕文明的生存环境越发局促，进而直接导致我国区域民族体育文化的土壤渐失，许多少数民族传统体育项目走到了终点。

（二）理论体系不够完善

近年来，我国对少数民族传统体育各项研究工作不断深入，更加追求研究的细化。这种情况就对体育理论研究有了更高的要求，这点对区域民族体育理论领域开展的研究更为关键。但目前为止，少数民族传统体育的理论研究体系尚未完全建立，其中还存在一些结构上的不完整以及漏洞，并且在实际研究中在某些领域还存在理论和实践脱节的现象。再看研究方法与研究队伍，也显现出了单一化和力量薄弱的现状，再加上缺乏对一些边疆地区项目的实地考察等因素，使得这些都对区域民族体育理论体系的完善产生了制约作用。

（三）政府没有充分发挥自身的引导作用

少数民族传统体育自身的发展有一定的片面性，缺乏构成体系的元素，再加上民族传统体育文化遗产保护方面法律和法规的制定不完善，这些都使得我国区域少数民族传统体育项目的传承与发展在法律层面就缺少保障。长此以往，势必会导致少数民族传统体育的消亡。

在中华人民共和国建立前的历朝历代，政府部门几乎都缺乏对保护少数民族传统体育项目的重视，任其自生自灭，更不要提什么扶持政策了。当前政府尽管越发重视相关保护工作，但由于保护基础薄弱，法制缺失，仍旧没有充分发挥足够的引导作用，从而导致行政管理欠缺。

（四）现代体育文化的冲击

21世纪是全球一体化的时代，包括体育文化在内的众多文化也受到这一趋势的影响，展现出了更多的全球化态势。对于我国来说，体育文化的全球化是对我国少数民族传统体育文化的一种巨大冲击，这让本就处于边缘地位的传统体育更加被边缘化，丧失了作为一个民族典型的体育文化地位，使整个发展态势岌岌可危。

（五）后备人才较为缺乏

随着社会经济的发展水平逐渐提升，身居我国偏远地区的人们选择从家乡走出来，到大城市打拼。再加上现代社会的信息化程度增加，引得人们更加注重对新鲜事物和时尚事物的兴趣。如此一来，人们就慢慢对传统的生活方式和娱乐方式开始摒弃,少数民族传统体育活动作为其中的一项,就逐渐被人们"抛弃",更鲜有人乐意肩负起传承的职责。

二、少数民族传统体育区域传承与发展的策略

在我国,传统文化中包含着民族文化,两者是一种相互依存的关系。而对于区域文化来说,必须要从我国传统文化中吸收"营养",才能更加丰富自身文化的内涵与表现形式,由此才能获得更好的发展前景。这点对于区域少数民族传统体育文化来说也是如此。

根据目前少数民族传统体育文化区域传承与发展的实际情况来看,要想对现状有所突破,就必然要采取科学的策略来解决问题,具体的方式有如下几个。

(一)在守护传统的基础上进一步开拓创新

少数民族传统体育作为众多民族文化中的一种,可以说是最直观、最活跃的部分,从运动中很容易让人看到一个民族的精神、智慧与情感。少数民族传统体育承载着本民族悠久的历史和传统,对少数民族传统体育的尊重实际上就是对少数民族体育文化的尊重,这是文化传承的基础,也是让广大民族群众对本民族文化更加认同的前提。

文化随着时代的发展会出现一定的改变以适应时代。区域少数民族体育的发展,也应顺应时代的需要予以创新,以创新促发展绝对是值得信赖的真理,也是文化进步的基石。紧随时代的创新可以赋予传统文化新的时代含义和概念,从而使其焕发活力。而为了实现创新,首先需要人们转变思想,以更加积极开放的态度了解区域少数民族传统体育项目的优势和不足,对其中优秀的方面坚持宣扬,而对其中不足的方面要加以完善和补充。总的来说,只有顺应时代的发展潮流,用创新精神推动少数民族传统体育的发展,才能进一步增强其生命力,为少数民族传统体育的传承事业作出应有的贡献。

(二)进一步完善民族体育理论体系

任何一种文化的形成都要依托于一定的理论基础,少数民族传统体育文化的基础就是我国悠久灿烂的文明。就目前的现状来看,我国对区域少数民族体育的理论研究方面显得较为薄弱,为此,首先就要在这一方面立足工作,选择恰当的角度,深挖区域少数民族体育的理论研究价值,力求建立起一个具有中国特色的民族传统体育理论体系。与此同时,对相关事物

的研究力度还要进一步加大,极力找寻少数民族传统体育与其他现代体育之间的理论契合点,并且以此为契机将我国的区域民族传统体育文化提升到世界级文化的高度。

（三）重视学校的传承作用

众多少数民族传统体育项目都具有竞技、娱乐与健身等属性,其组织方便、形式多样、寓教于乐,非常适合作为学校体育教学之用。为此,如果能将更多的少数民族传统体育项目纳入到学校体育教学内容当中,这无论是对学生的身心发展还是提升校园体育文化水平都是非常有益的。学校是重要的育人场所,其本来就承担着弘扬和传播少数民族文化的义务。广大的在校学生是少数民族传统体育传承的主要受众,是传播文化的种子。因此,要充分重视和发挥学校对少数民族体育的传承作用。

（四）大力发展传统民族体育项目

少数民族传统体育项目是重要的我国传统体育文化的传承载体。不仅如此,通过参与和观看传统体育运动还是感受民族精神的重要方式。通常情况下,所开展的区域少数民族传统体育活动受到人们青睐的项目,往往是以休闲养生为主的项目,这些项目一般具备韵律优美、内外兼修的特点,有些则极具人文特色。然而在当前,许多少数民族群众对本民族的传统体育项目的多方面价值的认识,并不全面,由此使得人们在参与活动的主动性和积极性上并不能达到预期,这也是许多优秀项目逐渐消失的根源之一。为了从根本上解决这个问题,势必就要从加强对传统体育项目的创新入手,将项目中所蕴含的价值直观地展现给大众。另外,将少数民族传统体育项目向国际化方向推动,也是其发展与传承的必要途径,当其与世界体育文化交融后,有助于其从原始的、古老的形态中释放出来,进而使其成为更能与现代社会形态对接的,更加国际化的世界体育文化。

第六章　少数民族传统体育文化传承与发展

为更好地弘扬中华民族传统体育文化,应特别注重少数民族传统体育文化的传承与发展,深刻理解少数民族传统体育的文化内涵,全面认识少数民族传统体育文化的发展现状,重点解决发展中的主要矛盾问题,实事求是地制定科学的传承与发展策略,同时正确把握少数民族传统体育文化的未来发展趋向。本章主要就从文化内涵、发展现状、发展矛盾、发展策略及趋向等几方面来探讨少数民族传统体育文化的传承与发展。

第一节　少数民族体育文化内涵

少数民族体育文化是少数民族体育在历经很长时间的发展,而形成的一种结晶和精髓,其能将少数民族传统体育的独特魅力充分体现出来。

少数民族传统体育文化有着丰富且深厚的内涵,为便于更系统地理解少数民族体育文化,可将其内涵分为三个方面:物质方面的文化、精神方面的文化以及制度方面的文化,每种文化内涵中都包含着各自不同的内容。

一、少数民族传统体育的物质文化

民族传统体育是民族传统体育文化中最为活跃的部分,是民族传统体育文化的橱窗与标志,在其漫长的产生及其发展过程中,随着人类对自身以及自身与周围环境关系的认识的深入,不断地将这种认识物化于各种物质制品中。我国民族传统体育的物质文化内涵涉及的内容主要有以下几个方面:体育运动项目、运动器材、器械及设备、体育书籍、体育文献、体育服饰、体育象征物以及出土文物、雕塑、壁画等。

(一)中华民族传统体育项目

在中华民族的漫长发展进程中,产生了许许多多的文化瑰宝,中华民族传统体育就是一种。当前,已发掘的民族传统体育中,少数民族传统体育项目的数量要比汉族的多出一倍。其中不乏一些传播普及且走出国门,被世界接受和认可的民族传统体育项目,成为世界文化的重要组成部分,比如,武术、龙舟、气功、风筝等。

随着中华民族传统体育的不断发展,众多专家、学者都开始将中华民族传统体育的研究和论证作为关注的重点,并且最终得出了这样的结论:体育产生于人们的需要。

由于从原始社会至封建社会,中华民族传统体育能够同时将人类需要的相似性和不同环境对人的制约性两个方面同时体现出来,这主要缘于生产力发展水平及自然经济条件的限制。也正是因为如此,便赋予了民族传统体育显著的区域性、娱乐性、大众性及健身性等特点。其中文化是影响其特征的主要因素之一,尤其是占主导地位的儒家文化。

我国地域广阔,共有 56 个民族,除汉族外,其他 55 个民族称为少数民族。每个少数民族都有自己的传统体育项目。

蒙古族:其居住地主要位于内蒙古自治区、东北三省、新疆、甘肃、青海等省区,总人口达到 341 万多人。主要为畜牧业、半牧半农、农业,有漠北"黑鞑靼"之称;蒙古草原另一些部落,统称漠南"白鞑靼"。自古以来,蒙古族就过着"逐水草迁移"的游牧生活,这也造就了其"精骑善射"的特点。四月二十四成吉思汗纪念日、夏秋之交的"那达慕",信仰喇嘛教格鲁派,是蒙古族主要的民族节日。蒙古族的民族传统体育项目主要有:赛马、摔跤、马术、赛骆驼、套马、贵由赤、射箭、打布鲁、击石球、打唠唠球、布木格、踢牛嘎拉吗、吵塔拉鲍格棋等。

回族:回族的分布地区主要有宁夏、甘肃、青海、新疆、河北、河南、山东、云南等地,人口达到 722 万多人。回头信仰伊斯兰教,开斋节、古尔邦节、圣纪节是三大传统节日。主要的民族传统体育项目有木球、掼牛、打抛、方棋、中幡、踢毽等。

藏族:藏族分布在辽阔的青藏高原,主要散居于西藏自治区和青海、甘肃、四川、云南等五个省区,人口约 384 万。其文化和风俗习惯受喇嘛教的影响较深。主要有赛马、登山、赛牦牛、射箭、摔跤等具有浓郁民族特色的传统体育项目。

维吾尔族:居住地主要位于新疆天山以南的伊犁地区,还有一些居住在北疆和东疆各地,人口达到约 596 万。维吾尔族主要从事农业生产,擅长植棉、园艺,信仰伊斯兰教。主要的民族传统体育项目有摔跤、赛马、"顿巴采"、达瓦孜、"萨哈尔地"、打尕尕、帕卜孜、滑冰、刁羊等。

苗族:主要分布在贵州、云南、湖南、四川、广西、湖北、广东等地区,是我国西南地区人口较多的少数民族之一,人口约 502 万。苗语主要节日有苗年、敬桥节,以及六月六日男女对歌娱乐等节日。信多神教,崇拜祖先。

主要的民族传统体育项目有秋千、划龙舟、爬坡杆、爬花杆、上刀梯、手毽、掷鸡毛、赛马、跳鼓、猴儿鼓舞、拉鼓、舞狮、打泥脚、布球、射弩、芦笙刀、舞吉保、苗拳、蚩尤拳等。

彝族：主要分布在云南、四川南部、贵州和广西自治区，人口达到545万人左右。以农业经济为主，畜牧业占有重要地位。主要的民族传统体育项目有摔跤、赛马、射弩、射箭、互布吉则、皮风子、陀螺、磨秋、跳火绳、跳牛、耍龙、刀术等。

壮族：壮族的居住地主要分布在广西壮族自治区，云南、广东、贵州、湖南等省，人口达到1 338万左右。主要节日有一月三十日的"吃立节"、三月三日的"歌圩节"、以及十二月一日的"壮年"等。信仰多神，崇拜祖先。主要的民族传统体育项目有抢花炮、投绣球、打陀螺、壮拳、特朗、春椰争娃、舞狮、跳花灯、扒龙船、洪拳等。

布依族：其居住地主要分布在黔南布依族苗族自治区、黔西南布苗自治州、黔东南苗族侗族自治州，人口达到211万左右。布依族地区土地肥沃，气候温和，益于农耕，以水稻为主。林业也较发达。文化艺术丰富多彩，口头文学，尤其是山歌比较著名。主要的民族传统体育项目有赛马、秋千、铁链械、丢花包、打格螺、花棍舞等。

朝鲜族：主要居住地为东三省，人口达到176万余人。朝鲜族信仰万物有灵、佛、道、儒和基督，解放后多不信教。主要的民族传统体育项目有摔跤、荡秋千、跳板、铁连极、高丽象棋、顶罐走、投骰等。

满族：满族主要居住在辽宁，其他地方也有少量分布，人口约有430万人左右。满族信仰萨满教，崇拜祖先。满族非常重视体育，善于骑射是满族人的特点。主要的传统体育项目有溜冰、冰嬉、双飞舞、采珍珠、射箭、步射、追射、摔跤、溜冰车、打冰嘎、雪地走、举重石等43项。其中，骑马、射箭、采珍珠、摔跤、赛威呼、双飞舞、狩猎等。

侗族：其居住地主要为湖南、贵州、广西三省，人口达到142万人左右。侗族主要节日有"侗历年"、春节、"祭牛节"和"吃新节"。节庆期间，饮酒欢宴，举行斗牛、吹芦笙、踩歌堂等活动。除此之外，还有一些较为流行的传统体育项目，比如抢花炮、武术、眵毽、侗棋等。

瑶族：居住地主要为广西、云南、广东、贵州、江西等这些地区的深山老林，人口约141万。这一民族的居住特点为小聚集，大分散。主要节日有盘王节，每年3次，最隆重。信仰多神教，也信道教，崇拜祖先。瑶族的传统体育项目主要有打陀螺、独木桥、独木滑冰、毛莱球、人龙、播龙、对顶木杠、瑶拳等。

白族：居住地主要为大理、贵州毕节、四川凉山和湖南的桑植，人口约

113万人左右。白族传统节日较多,盛大的有"火把节""饶三灵""三月街"等。在节日举行的体育活动绚丽多彩,具有浓郁的民族特色。较为具有代表性的有赛马、霸王鞭、赛龙船、仗鼓、秋节、跳花棚等。

土家族:居住地主要为湖南的龙山、永顺、保靖、古文;湖北的来凤、鹤峰、咸丰、宜思、利川、巴东、始建、五峰、长阳;四川的西阳、秀山、黔江、石桂、彭水等地,人口约283万。土家人主要从事农业,善于山地耕种及狩猎。他们所普遍喜爱的传统体育项目主要有踢毽、打飞棒、搭撑腰、抢贡鸡、柔连响、板凳龙及具有土家特点的武术项目等。其中,最具土家族特色的是踢毽子、打飞棒、抢贡鸡以及土家族的武术。踢毽子也是土家族人民普遍爱好的传统体育项目,毽子有布包铜线,管插鸡毛制成;也有纸絮包扎铜线或镍币做成,场地不限,运动形式有踢毽、拍毽和抢毽3种。"打飞棒"是一种两人对抗赛的运动项目,第一步是"挑飞棒",第二步是"打飞棒",第三步是"宰鸡头"。而"抢贡鸡"中贡鸡有草鸡、稻草鸡、竹篾鸡3种;有团体赛、个人赛和表演赛3种比赛形式。

哈尼族:其居住地主要为云南的哀牢山和无量山,以元江、墨江、红河、绿春、金平、江城最为集中,人口达到106万之多。哈尼族崇拜祖先,信仰多神教。具有该民族特色的传统体育项目主要有跳高跷、陀螺、摔跤、磨秋、荡秋、车秋等。其中,磨秋是节日中不可缺少的活动。具体来说,就是在磨秋桩顶端横架的松木秋杆两端坐人,或人扑伏在杆上,一般一边1人,其中1人用脚猛力蹬地,便腾空而起,对方双脚落地,秋杆反复起落飞旋不停。

哈萨克族:其居住地主要为新疆维吾尔自治区,青海、甘肃也有散居,人口达到90万之多。哈萨克族以游牧生活为主要特色,长期从事畜牧业生产。男女老幼好音乐,能歌舞,善骑术。具有该民族特色的传统体育项目主要有叼羊、赛马、姑娘追、摔跤、躺倒拔河等,多以马术活动为主,男子尤喜欢摔跤、叼羊。

傣族:其居住地主要为云南的西双版纳、德宏两个自治州,人口约84万。傣族为古百越的后裔,笃信小乘佛教。孔雀舞、象脚鼓独居特色,而"泼水节"尤为著名。具有该民族特色的传统体育项目主要有赛龙舟、打陀螺、武术、傣拳、藤球、丢包、跳竹竿等。其中,最具傣族特色的传统体育活动为跳竹竿、傣拳以及傣族的武术。跳竹竿是傣族人所喜爱的一种活动,分打竿和跳竿。打竿者十几人,两人一组,分别执竿一段相对而坐。竹竿互敲或敲击地面,时分时合,随着音乐的伴奏,竹竿一击一分的频率不断变化,加快。跳竿者灵巧地跳跃在竹竿的分合之间,运用双脚跳,变化出优美、舒展的动作,有时男打女跳,有时女打男跳,有时男女混合跳。傣族拳有单练、对练和集体演练3种。傣族的武术具有节奏变化较大,突快突慢,动作柔中有刚,刚中有柔,刚柔相济,方法简单实用,表演时有象脚鼓、锣伴奏,节奏感较强等特点。

黎族:海南是其主要居住地,人口约有88万。该民族以农业为主,渔盐业资源丰富。信仰鬼神,崇拜祖先。具有该民族特色的传统体育项目有跳竹竿、顶杠、穿标、钱铃双刀、打狗归坡、拉乌龟、赛牛车、粉枪习射、射击比赛、狩猎比赛等。其中,民族特色最为鲜明的当属跳竹竿、荡绳、钱铃双刀、顶杠、赛牛车。跳竹竿黎语称"卡咯",先后两次在民运会上被评为优秀表演项目,在其完成中,不仅要求动作敏捷利落,反应灵活,优美舒展,还要具备一定的音乐素养和舞蹈技巧,对锻炼身心、培养良好的心理素质和艺术技能都颇有实用价值。

傈僳族:居住地主要为云南怒江傈僳族自治州,人口约有48万。傈僳族人能歌善舞,男子配刀于左腰,并挂熊皮箭包,手持弓弩。德宏傈僳族人的"刀杆节"是气氛热烈的体育盛会。具有该民族特色的传统体育项目主要有弩弓射、顶牛、泥弹弓、陀螺、上刀杆等。其中,最具有傈僳族特色的传统体育项目是弩弓射、泥弹弓以及顶牛。弩弓之技,是采集、狩猎经济中长期形成而发展起来的一种悠久传统体育,弩弓制作精良,弩箭用竹制成,配尾羽,分有毒无毒两种。竞赛有粑粑打、射鸡蛋、射刀刃等形式。泥弹弓是一种以竹为弓,以皮筋为弦,用泥弹做弹丸,以射击十步开外靶子的游戏。"尼昂急"亦为顶牛,是模拟牛羊打架相角抵的一种较力对抗。

佤族:居住地主要为云南的西盟、沧源、孟连、澜沧等,人口约有29万。佤族人民善于利用山区的特点开展各种多彩的体育活动,来促进健康。佤族先民们在长期的生活中,在独特的自然环境中创造了许多具民族特点的体育活动。其中,民族特色鲜明的传统体育项目主要有射弩、射刀刃、摔跤、脚斗、鸡棕陀螺、高跷、武术等。其中,最具有佤族特色的传统体育活动为射弩、射刀刃以及摔跤。弩弓是阿佤人的常备之物,自小习弩,练就一身箭无虚发的绝技。射刀刃是最高水平的射弩,是检验射手的最佳手段。佤族的"布隆",即摔跤是当地人喜爱且普遍的一种游戏。

畲族:居住地主要为福建、浙江、江西、广东、安徽等,人口约有37万。该民族的自然地理环境属于丘陵地带,与此相应,创造了山区、地方特色浓郁的民族传统体育。民族特色显著的传统体育项目主要有操石磉、斗牛、抢山猪头、打尺寸、站桩、赛海马、畲族拳等。其中,最具有畲族特色的传统体育活动为操石磉、打尺寸。操石磉就是用脚踩着石磉在鹅卵石上行进,可单人、双人、多人进行,以速度快者为胜。"打尺寸"是以打击短棒为基本动作的一种游戏,其比赛形式追逐双打、四面招架,攻守阵地。

　　高山族:居住地主要为台湾,大约有 1 650 人。该民族从事农牧畜耕,捕猎野兽,富尚武精神,文身束腹,能歌善舞,多寓教于传统的体育活动中。民族特色鲜明的传统体育项目主要有竿球、刺球、投石子、角斗、秋千、背篓球高山族射箭等。其中,当属竿球、背篓球最为流行。竿球,又名顶球、刺球,流行于屏东、台东等地,用顶端削尖了的竹竿去刺高高抛起下坠的球,刺中球多者胜。而背篓球来源于高山族青年男女在生产活动中投掷槟榔示爱的一种活动,后逐步发展为体育运动,比赛分两队,每人一个背篓,甲队投乙篓,乙队投甲篓,便跑便投,投距不少于 3 米,不得碰撞背背篓者或触到背篓。

　　拉祜族:居住地主要为云南澜沧江东西两边的思茅、临沧等地区,人口约有 30 万。该民族地处亚热带山区,狩猎和采集是其经济生活的主体。民族特色鲜明的传统体育项目主要有射弩、卡扒、蜡河毕、卖切切(踢脚架)等。其中,拉河毕是拉祜族少女和儿童的游戏,深受族人的欢迎和喜爱。游戏时,在空地上支一块 10～20 厘米的木板或石片作靶,用"拉河毕豆"弹击,距离 5～10 米不等。

　　水族:居住地主要为贵州、广西、云南等,人口约有 28 万。水族自称"海水",意为水人。水族的节日中最隆重的是端节(借端)和卯节(过卯),端节是水族民间一年之中最隆重的传统节日,端节水语叫"借端",是水族最大的节日,可以与汉族的春节相比。水族从事农业,以种植水稻为主。具有该民族特色的传统体育项目主要有赛马、狮子登高、翻桌子和水族武术。这些活动都将水族浓厚的民族色彩体现了出来。水族人爱赛马,喜耍狮子,赛马比韧劲,耍狮靠勇敢。武术主要有刀术、链夹、坦耙、三顺叉等,文娱性较强。

　　东乡族:居住地主要为甘肃东乡自治县,人口约有 28 万。高民族主要信仰伊斯兰教,以农业为主,十分崇尚体育活动。具有民族特色的传统体育项目主要有赛马、三连石击目标、一马三箭、打鞭子比赛、骑木划水、人牛泅渡等。其中赛马、打鞭子比赛、竞渡是民族色彩最为浓厚的。赛马是东乡族最喜爱的体育活动。东乡族赛马形式有速度赛、耐力赛、花样赛 3 种。摔跤,东乡人称为"巴哈邦地",花样很多,有"花花抱""后腰抱""揽腰抱"等。还有极具趣味的打鞭子比赛。比赛一般分单人、双人、集体 3 种,以响亮程度判胜负。

　　纳西族:居住地主要为丽江纳西族自治县,中甸、宁蒗、维西、永胜等县。纳西族地处青藏高原南端,山川雄伟,蜂起谷深。文化、经济发达,民族传统体育常在"祭天""火把节""转山会""二月八""三月会""七月骒"、马会等节日举行。具有民族特色的传统体育活动主要有东巴跳、赛马、秋千、丽江球、占占夺等。其中,最具特色的当属东巴跳、秋千、和赛马。东巴跳源于东巴教跳神舞蹈,保留了原舞蹈的较完整的原始形态。耍刀跳、弓箭跳、磨刀跳等表现了出征前的操练祈祷和胜利后祝捷。动作古朴实用,包含了武术的基本特征,但较随意。纳西族的赛马历史悠久。清代赛马形成传统。赛后以竞速、体形、步伐决优劣。后出现马技表演。射箭,纳西语称"内窝朴",每年正月初九和十二祭天时都要进行。打秋节也是纳西族的主要传统活动。有磨担秋、荡秋。

柯尔克孜族:居住地主要为克孜勒苏自治州、乌什、阿克苏、莎车、英吉莎、韶苏、博乐等地,人口约有 11 万。该民族的生产方式主要以从事畜牧业为主。具有民族特色的传统体育项目主要有赛马、叼羊、马上角力、追姑娘、飞马拾银、秋千、摔跤、射元宝以及日下赛跑等。其中,"飞马拾银""追姑娘""叼羊""走马"等民族特色最为鲜明。

(二)运动器材、器械设备

中华民族传统体育项目多达近千种,其中,有部分项目非常简单易行,不需要任何器械设备,而有一些则是需要一定的运动器材和器械设备才能进行的,比如常见的有刀、枪、弓、箭等,这些器械、器材都是中华民族的祖先在生产劳动过程中创造,后又经历代人改进,不断发展和完善起来的。作为人类的一种文化创造,它凝集了无数人的智慧,是一些活的化石。因此,在民族传统体育文化的研究中,要对此加以重视。

关于在运动器材和器械设备方面较为讲究的民族传统体育运动项目,最为典型的当属龙舟和风筝。下面就以此为例,来对相关的运动器材和器械设备加以探究。

1. 龙舟的相关运动器材与器械设备

龙舟竞渡中的龙舟,基本上是由船体,龙头、龙尾以及各种装饰及锣鼓等三部分组成。

(1)船体。

普通龙舟船体呈菱形,两头窄,中间宽。宽窄一般在 1~1.2 米之间,个别的宽 1.4 米。船的长度差距较大,长的可达 30 多米,短的约 10 米。

(2)龙头和龙尾。

龙头大多用整木雕成,竞渡前才装上。每个地方龙舟的龙头都有各自的特点,与其他地方的龙舟有所差别。这主要与每个地方的风俗习惯和人文特点有很大关系。

龙尾大多用整木雕成,刻满鳞甲,各地龙尾也不尽相同。

（3）各种装饰以及鼓锣等。

龙舟的装饰是指除去龙头、龙尾以外的东西，主要的有旗帜、船体上的绘画，以及锣、鼓、神位等。龙舟上的装饰较龙头、龙尾，各地差别更大，很难找出共同的、规律性的东西。另外，龙舟的装饰也能将各地的特色与传统体现出来。

2. 风筝的运动器材与器械设备

"风筝"，是中国古代重要的发明之一，是世界上最早的人造飞行器。风筝在中国极为普遍，但最具特色，各成一派的当属北京、天津、潍坊和南通。下面就其中几项加以介绍。

（1）北京风筝。

北京风筝最出名的当属金氏风筝和哈氏风筝。金氏风筝的主要特点是造型雄伟，画工粗犷；哈氏风筝的特点则主要表现为骨架精巧，画工素整。

（2）天津风筝。

天津风筝享有盛名的有张七把兄弟、老金记兄弟、帘子李等人，最著名的是魏元泰和周树泰。其中，魏元泰创造的十几个风筝新品种，都具有显著的精巧别致、生动优美的特点。

（3）潍坊风筝。

潍坊风筝的特点主要表现为工艺精巧，浑厚淡雅。潍坊风筝的样式结构有四种，即平板式、半立体式、立体式、立体与平板结合式。在构造上，有硬翅、软翅和活翅3种。风筝种类繁多，现已发展到500多种。鸟兽鱼虫、花卉草木、人物百戏，皆为风筝。潍坊风筝制作名家当推王福斋和陈哑巴，王福斋擅长人物绘画，把国画的传统技法，运用到风筝的绘制上，形象活脱，造型优美，提高了风筝的艺术水平。陈哑巴制作的风筝，竹框灵巧坚固，造型生动逼真，画工精细，放飞高稳。

（三）民族传统体育的文献典籍

人类自从创造出文字以后，语言、文字不仅促进了人类的思维与交流，更主要的是促进了文化的传递与传播。民族传统体育来源于人们的生产、生活、劳动、娱乐，来源于军事、祭祀，一方面它通过人与人之间，一代与一代之间的直接经验传承与学习而延续、保留至今，但有相当多的部分要从各种文献典籍中去寻找，去研究，这就是我们所说的文献资料法。文献资料法是我们研究民族传统体育的主要方法。通过对不同时期，先人所记载并留下的重要文献资料进行研究，来促进民族传统体育的发展和进步。

自从有了文字以后,绝大多数需要靠文字来记载、传承,间接经验的学习可以节省人们大量的时间,同时又使人类在短时间内掌握人类文化遗产成为可能;也有相当一部分会随着朝代的更替,历史的演变,渐渐失去存在的合理性,而成为历史遗产。我们只有对其挖掘、整理,才会使其重放异彩。

1. 古代的文献典籍

自古迄今,有关民族传统体育的文献相当浩繁。古代各个时期的文献记载中都有当时体育项目和现状的情况反映。其中,较为典型的有以下几个。

最早的《周礼》中就有关于乐舞和射、御的考核内容。《礼记·月令》载:"天子易教于田猎,以习五戎,班马政。"

商代的《尚书·洪范》在所谓"五福"中,就有了"寿""康宁""考终命"的概念。《六幙》是对兵种选拔条件的各种规定的记载。《蹴鞠》25篇所记载的主要是蹴鞠竞赛与训练。

东汉人李尤的《鞠城铭》记载与论述了竞赛的场地规则等。《黄帝内经》奠定了古代养生学的理论基础。

齐梁间产生了许多关于民族传统体育文化的文献和典籍。较为具有代表性的有《骑马都格》、《马射谱》、《马槊谱》、《隋书·经籍志》、《幻真先生内元气诀》,陶弘景的《养性延命录》、《导引养生图》,孙思邈的《千金要方》、《千金翼方》、《保生铭》等。

明代汪云程的《蹴鞠图谱》全书21节,主要对竞赛规则、技术名称、技术要领、场地器材、球戏术语等关于蹴鞠活动的全部内容进行了记载与论述,参考价值非常高。

宋代及其以后出现了很多关于养生学方面的专著,比如,宋末年官修的《圣济总录》、宋人的《回时颐养录》、《八段锦》、《寿亲养老专书》、《云籍七签》,刘完素的《摄生论》,明代的《红炉点雪》、《摄生三要》、《修龄要昌》、《寿世保元》、《万寿仙书》、《养生四要》、《赤风髓》、《遵生八笺》;清代的《勿药元诠》、《寿世编》,等等。

2. 近代的史料文献

随着社会的不断发展和进步,我国民族体育也得到了发展,相关的史料记载也不断增多。到了近代,关于我国民族传统体育的史料更是多如牛毛,不仅有专著、论文,还有图谱、密笈,以及各种史料和地方志,这些都是民族传统体育研究的珍贵文献,具有很高的参考价值和研究价值。

由原国家体委文史委员会和中国体育博物馆编著、广西民族出版社出版的《中国民族传统体育志》,是一部有关各民族体育的大百科全书。该书包括古代已有的,现代仍流传或已失传的,有文字记载的,或只有口头传说的,涉及武术、气功养生健身、棋类、文娱等几大门类民族传统体育项目,共计977条。

(四)出土文物、壁画及民族服饰

1. 出土文物以及壁画

语言并不是随着人类的出现而一同产生的,在此之前,人类各种社会活动,狩猎、采集、沟通等都是借助于身体语言进行的,而对其记录也是由简单的线条、人物简画所组成。由此可知,民族传统体育是从各民族早期的生产、生活中产生的,其在一定程度上记录与反映了人类最原始的生产、生活状态,其形成时间比较早,要比语言、文字产生早得多。除此之外,体育活动或者身体活动有直观、形象的特点,人们在其活动中进行的思维也大多是直观的动作思维。因此,这也就决定了往往会通过图画的形式来记录动作、身体活动的,也正是因为如此,大量的关于各民族早期民族传统体育活动情况被记载在各种陶瓷制品及建筑壁画中。通过上述分析可以得知,出土文物、壁画是各个时期民族传统体育发展的客观反映,是研究民族传统体育的一个重要方面,文物、壁画是人类早期活动的一个佐证,为现代民族传统体育的研究和发展提供大量客观的资料支持。

可以说,出土文物、岩画、壁画、画像砖等这些重要的民族传统体育文化,是人们揭开历史迷团,正确再现历史的最重要、最充分、最有说服力的资料。

2. 民族服饰

民族服饰,不仅属于服饰文化,也属于体育文化的范畴。究其原因,是因为民族传统体育项目大多与民族传统节日结合在一起,在传统节日内举行。在节日里,人们庆祝节日的方式是非常隆重的,除了要奏民族音乐,进行民族传统体育游戏或竞赛,还要身着本民族特有的服饰,以此来展现民族文化,从而形成一道特殊的亮丽风景线,格外引人注目。因此也就赋予了其强烈的文化象征意义。

二、少数民族传统体育的制度文化

少数民族传统体育的发展,需要必要的物质文化作为重要基石,而其进一步发展,需要一定的规范性和系统性,这样,就衍生出了相关的制度,由此,少数民族传统体育的制度文化便应运而生。

通常来说,少数民族传统体育的制度文化所涉及的内容主要有以下三个方面。

(一)宗教信仰

宗教是"一种与神圣事物相联系的信仰与习俗的完整体系,是独立的和有所禁忌的一个把其所有追随者团结于一个称为教会的道德共同体之中的体系"。[①] 通常来说,人们对现实生活的向往总是非常美好的,充斥着各种各样的想象和幻想,从各种相关文献记载中的原始宗教的祖先崇拜、图腾崇拜、神灵观念、民间传说、巫术以及宗教节日等方面都可以看出这一点。

关于体育与宗教,这两者之间有着非常密切的关系,部分少数民族传统体育项目就是从原始宗教中发源而来的,大多数少数民族传统体育活动的形成都与民族宗教活动有关,这也就赋予了这些少数民族传统体育浓厚的宗教色彩。我国各个民族都有自己的宗教信仰,不同民族有不同的或不完全相同的宗教信仰,宗教反映的是一种典型的传统文化现象。

由于早期的体育运动缺乏相关的规则来加以规范,也缺乏相应的组织部门,因此,当时的体育活动往往都是自发组织的,举办时间和运动形态都是随意的,可以根据实际情况进行调整。但是,在宗教因素的影响下,体育逐渐成为了有组织、相对定时的活动形式,不仅如此,在宗教的影响下,少数民族传统体育的程序及动作也变得日益规范。由此可见,宗教使少数民族传统体育的发展层次进一步提升。

(二)礼仪规范

在中国古代,所谓的"礼仪",就是典章制度和道德教化,具体指的是人类社会交往中应有的礼节和仪式,"礼"顾名思义就是礼节,"仪"是人的容貌举止的意思。在社会交往中,人们一般都是通过一定的礼仪规范来表达自己待人接物的尊敬之情的,这在现代与古代都是一致的。在社会人际关

---

① 石爱桥. 民族传统体育概论[M]. 北京:人民体育出版社,2014.

系的发展中,礼是非常重要的调节器和润滑剂,在相同价值观念和社会心理的支撑下,"礼"不断传播与传承,不断发挥着自身在维护社会稳定、调节社会关系、构建和谐社会等方面的作用。

礼仪文化在我国古代就得到高度重视,因此,我国自古就有"礼仪之邦"的美称。我国古朴、淳厚的优良礼节和习俗多保留于少数民族的日常生活中。这些礼俗代代相传,对后代人具有潜移默化的教育作用。

事实上,礼仪文化不只是中华民族的特有文化,世界范围内的不同民族和地区,对礼仪规范也都是非常重视的。不同之处只是具体内容的表现形式有所差别。少数民族传统体育中蕴含着丰富的礼仪文化,以武术为例来看,古代武术的传承主要是师父与徒弟之间的传承,传承方式是身传口授,因此尊师的美德历来就有。"尊师要像长流水,爱徒要像鸟哺雏""徒弟技艺高,莫忘师父劳"等就是对此的形象表现。武术中的礼仪规范要求习武者不能不恃强凌弱,而要以理服人。因此,通过礼仪教育,不仅可以培养各族人民的文明习惯,还可以使人们接受礼仪背后的价值观,进而形成自我认同,进一步强化社会认同。

（三）制度规范

1. 相关制度

对于少数民族传统体育来说,其制度文化包含的内容非常多,其中,处于核心地位的是制度规范。

体育规范是体现体育意识形态的最直接的外在形式。经过一定的制度规范程序,原本具有社会意识属性的体育规范逐渐被国家体育管理层认可,如此一来,就被赋予了国家意志的属性,体育活动参与者要严格律己,遵守体育规范,否则就是与国家意志相违背,与时代发展相违背。

2. 协会组织

民族传统体育运动协会是少数民族传统体育制度规范的重要组成部分。少数民族传统体育的规范化发展,对运动协会的要求也会越来越高,运动协会将发挥出越来越重要的作用。

3. 竞赛规则

在少数民族传统体育刚刚形成之际,很多项目的举办几乎都是自发进行的,在明确的规则和规范方面较为欠缺,如此一来,所举办的相关赛事往往都是比较简单、粗糙、不规范的,也很难进行裁判,这样就对少数民族传统体育的发展与传播产生了制约甚至阻碍作用。随着体育的不断发展,一些少数民族体育项目的竞赛规则逐渐制定并不断健全,这大大提高了少数民族体育项目发展的规范性,对少数民族传统体育的高水平发展和广泛传播也起到积极的促进作用。

三、少数民族传统体育的精神文化

精神文化,是文化的核心、灵魂,是不同类型文化的标志。它居于文化结构的内层,是最稳定、最保守的层面。也有人将这部分称为理念文化。

对少数民族传统体育的研究,不仅仅局限于物质文化,更深层次的理念文化更是不能忽视,因为理念文化是文化中最保守、最不易变化的部分。通过对民族传统体育精神文化中价值观念、思维方式、审美情趣、民族心理等部分的分析与研究,能对民族传统体育真正地走向现代化起到促进作用。

(一)讲求伦理教化、等级思想严重、崇文而轻武

我国的古代体育,由于深受儒家文化的影响,就会有如下特征和表象:(1)在目的作用上的伦理教化的价值趋向;(2)尊卑有别的等级观念;(3)崇文尚柔的运动形态。

道德,在中国古代,尤其是汉朝以后,被历代封建帝王和儒家先哲看作是人的最高需要,最大的价值就是道德价值。"内圣外王"的贤人是人生的追求标准和理想境界。但是,由于对伦理教化的过度重视,原本正常的思想观念因此发生了扭曲变形,将道德视为唯一的推崇目标,而将其他方面忽视了,致使这一思想观念走向极端,形成悖谬。中国古代体育在这样的情形下,沦为了人"成圣成德,完成圆善"的手段。这对于中国传统体育的正常发展,以及人的身心并完都是极为不利的。比如,尊卑有别的等级观念在传统体育中得到了最大的渗透。不论是体育用品还是进行体育活动的顺序,都无处不体现出了传统观念中的等级体制。体育活动中的"君臣之礼,长幼之序"对体育的公平竞争产生了非常深远的影响。

从某种程度上说,由于受到儒家文化的影响,中国的传统体育发展基本的体育特征几乎消失殆尽,与世界体育发展趋势背道而驰,这对我国体育发展的进程产生极大影响。

(二)追求人与自然的和谐、统一

哲学观认为,在传统的农业经济条件下,人为了处理好人与自然之间

的关系,就要法天地,法四时,"天人合一"。传统体育所注重的是以整体的概念描述人体运动过程中形态、机能、意念、精神诸方面的活动,以及这些状态与外部世界的联系。在体育上不主张事物的极限发展,没有对自然躯体的支配欲,强调人与自然的和谐,在宁静、冥想中悟道。如:中国传统体育的代表项目太极拳、气功等都是在意念的主导下,"以心会意,以意调气,以气促形,以形会神"。通过意识与肢体的活动使"心灵交通,以契合体道"。这种身心的互通,是借助于人体内部物质系统的信息流,能量流去维持与外界时空环境的有序活动,进而调节机体的新陈代谢,保养生命的,这是体育运动追求的最高境界。我国体育的发展,在这一方面做得较其他国家要好一些,尤其是太极拳,受到国际上的欢迎与赞誉。锻炼过程中多采用基本功练习与完整练习相结合的方法,将中华民族追求平衡和顺其自然的主体化思维方式体现了出来。

某种意义上,这种观念和思想对于克服西方科学主义"主客之分,身心两分"所带来的科学危机已显示出独到之处。但是由于缺乏积极探索自然的精神和重视知觉思维方式的影响,对运动健康的奥秘很少像古希腊的学者那样彻底地探究,即使是医家、养生家,也始终停留在"阴阳平衡"前,未能更进一步。这方面还需要重点进行研究与发展。

(三)价值取向主要为群体本位

中国文化占统治地位的是尊尊亲亲的宗法观念。中国是一个有悠久历史文化的国家,其有着根深蒂固的传统思想,传统文化的影响力是非常显著的。传统文化以家庭、家族为本位外推,把尊尊亲亲的价值观念扩大和延伸到整个社会群体之中,也就造成了中国传统文化以社会群体为本位的价值取向。受此影响,以个人为基础的竞争在传统体育中不能充分发展。民族传统体育项目中,绝大多数是表演性的,即使有竞争,也往往是群体基础上的竞争。

(四)对休闲娱乐体育进行批评与抵制

中国古代的知识分子,通常会将人生最高理想定为"齐家、治国、平天下"。对于绝大多数人来说,他们都是积极的入世者,其理想就是步入仕途、高官厚禄。在科举制、八股取士的时代,埋首于古纸堆中,皓首穷经,是这一时期的主要特征。对于当时的社会现状来说,消闲娱乐的体育是影响寒窗苦读,考取功名的一个消极影响因素,更不用说被重视了。凡是考试内容,就是学子们学习的内容,不管其有用与否,这种特有的"功利"观,对消闲娱乐体育的发展产生了较大的影响。

（五）倡导具有阴柔与静态之美的体育形式

中国古代的文化形式众多,其中,阴柔文化是其中一种,而这则以孔孟最为典型。具体来说,这种文化要求人们在思想上"乐而不淫""哀而不伤"和"心宁、志逸、气平、体安",在做人上多"隐",使情感含蓄而不外露。所以说,中国古代文化追求静极之物,太极是万物之体,万物的最高之母便是静态中的太极。中国的太极拳理论、气功文化皆追求静和自然。这种静态变化,所追求的是内在美高于外在美;静态美高于动态美;追求封闭的系统胜于开放的系统。顺从被视为美德。在中国古代传统体育中,温文尔雅的太极拳、导引养生、围棋等源远流长,经久不衰。尤其是太极拳,以其阴柔、轻缓的动作与内在的气势受到世界范围内众多人们的欢迎与喜爱,尤其是对于外国友人,更有不少人专程学习太极拳,以领悟其内在精髓。太极拳要求"形不破体,力不尖出","有退有进,站中求圆",技术动作趋向于"拧、曲、圆"的内聚形态。技击交手中讲究"声东击西、避实就虚,守中有攻,就势借力","牵动四两拨千斤"反映了中华民族以智斗勇,追求技巧的审美心理。

（六）守内、尚礼、恋土的民族情结

中华民族追求平衡和顺应自然的主体化思维方式;中华民族以智斗勇,追求技巧的审美心理;中华民族守内、尚礼的人格倾向,是中国体育民族心理特征的主要表现形式。这些心理特征能够在许多中国传统的体育活动上得以体现。

中国是一个有着悠久封建史的国家。中国传统体育的产生与发展,与传统的农业型经济、高度统一的中央集权制,以及与此相适应的儒家文化有着不可磨灭的密切关联性。从教育史的发展来看,教育是人类社会的一种特有的社会活动,它随着人类社会的产生而产生,发展而发展,教育与政治、经济制度,与生产力发展水平之间存在着极为密切的联系。

教育是培养人才的手段,同时,其这一功能也为统治者所利用,从而为统治制度服务,与此同时,其还能作为生产力再生产的手段,作为科学知识再生产的手段,作为科学知识转化为生产力的必经途径,对生产力产生积极的促进作用。教育目的是社会对人的培养结果和质量规格的总的规定和要求,是教育工作的出发点,也是教育工作的归宿。将教育与政治、经济、制度以及生产力有机的结合起来,使这两者之间相互促进、相辅相成,以达到更高水平的发展。

第二节　少数民族传统体育文化的发展现状

经过不断的演变和发展,少数民族传统体育文化已经得到了长足发展,取得了可喜成效,不可否认,与此同时,这一发展过程中也逐渐显现出了一些存在的问题,对少数民族传统体育文化的发展产生阻碍作用。

一、当前少数民族传统体育文化的发展现状分析

少数民族传统体育自产生以来,尽管有所发展,但普及程度还远远不够,指导新中国成立之后,少数民族传统体育才得以广泛普及,尤其是 4 年一届的少数民族传统体育运动大会的举办,对少数民族传统体育文化的发展起到不可忽视的助推作用。

随着体育事业的不断发展,少数民族传统体育作为其中的重要组成部分,也受到国家相关部门的高度重视,并且在国家和各省的共同支持与努力下,以民族性和广泛性为主要特色的少数民族传统体育运动大会一跃成为全国大型综合性体育运动会之一,且影响力较大。少数民族传统体育运动大会的举办,是为了将少数民族传统体育文化进一步传扬下去,并对少数民族传统体育运动与全民健身运动的结合与发展加以催化,改善全民族人民的健康素质,提高综合素养水平,使各民族体育文化在交流与沟通等方面有更好的推进。

鉴于当前我国少数民族传统体育文化的发展状况,为进一步推动其更好发展与普及,我国积极采取有效措施,比如,将少数民族传统体育项目综合起来,并加以改革创新,对少数民族传统体育活动加以整合,剔除其中蕴含的消极方面,保留其积极方面,并通过举办国际赛事,将少数民族传统体育的普及范围进一步扩大,使其能在全世界范围内都有所立足,使全世界人民都能切实感受到少数民族传统体育文化的显著特色和独特魅力。

综合分析,当前我国少数民族传统体育文化的发展前景还是较为理想的,在国家的大力扶持和人民群众的大力支持下,其发展会日新月异。

二、当前少数民族传统体育文化发展中所存在的主要问题

少数民族传统体育文化的发展取得了可喜的成绩,这是令人欣慰的,

但其发展形势还不甚理想,这主要受制于其发展过程中一直存在的问题。通过将这些问题发现并梳理出来,为更好地解决这些问题提供便利条件,也为少数民族传统体育文化的更好发展奠定了重要的基础。

（一）学术研究的实践部分易被忽视

在当前时期,我国在少数民族传统体育文化方面的研究还是比较多的,但是进一步分析发现,这些研究中,相关基础理论的涉及较多,而往往忽视了对实践的具体研究。比如,对我国少数民族盛行的民族传统体育的价值、特征以及其传播方式的研究较为全面且深入,这是因为相关学者认为这部分内容具有形式简单、内容丰富多彩,地域性、民族性等显著,具有健身、娱乐、教育等多重功能,有利于少数民族传统体育文化的交流与传播。即便如此,也不能否认,这些仅仅是理论研究的初步成果,还未全部付诸实践,这也是今后少数民族传统体育文化研究需要重点关注和亟需解决的重要方面。

（二）普及程度低

我国少数民族传统体育项目众多,截至目前,我国已经将一部分挖掘了出来,大部分少数民族传统体育项目还没有被人们应用到实践中,这也就导致了这些少数民族传统体育项目呈现出民众参与数量较少,普及程度较低的特点。

我国对少数民族传统体育项目的挖掘工作是从 20 世纪 80 年代才开始的,我国有关部门发掘并整理大量的少数民族传统体育项目,国家体育委员会大量发布与传统体育相关的通告通知。民族传统体育的发掘整理工作开始后,在当时引起了不小的轰动,但是,从那时候起,关于少数民族传统体育的信息和资料也被大量搜集与保存。尽管如此,这些被挖掘和整理的少数民族传统体育的普及程度仍然比较低,尤其是其中的一些少数民族传统体育项目,其习练者往往也只局限于留守在农村的中老年群体,受众范围较小,还需要进一步传播与发展。

（三）竞技性转化程度较低

国际竞赛项目众多,但是往往以现代体育项目为主,中华民族传统体育项目中只有很少一部分被纳入到国际竞赛,绝大部分少数民族传统体育项目要想达到这一目标,还需要经过很长且艰辛的历程。少数民族传统体育项目所具有的特性多样,不乏娱乐性、竞技性、趣味性等,只有竞技特点显著的项目才有可能被纳入国际竞赛项目,因此,要求在普及和发展少数民族传统体育时,要有意识地向竞技化方向转化,要使更多的少数民族传统体育项目被纳入到国际竞赛中。这对于少数民族传统体育文化的发展是有重大意义的。

(四)受现代体育的冲击较大

近代以来,西方体育的广泛传播与传入,对我国传统体育的发展产生了非常大的冲击,这也将我国民族传统体育的发展打入了艰难境地,从那时候起,中华民族传统体育的发展就受现代体育的影响和制约,导致当前的发展也不甚理想。

从整个国家来说,少数民族所处的地区往往是较为偏远的地区,这些地区经济和社会发展相对滞后,这也决定了民族传统体育文化的发展相对滞后,繁荣与衰退并存的奇怪景象便由此产生。有研究者发现,曾经盛行于湖北襄樊地区的舞狮、舞龙及高跷等民间体育活动已经逐渐走向衰退,不复之前的繁盛景象,并且掌握这些项目技能的人越来越少,也只有很少的人愿意去学习了。尤其是现在的中小学生,好多连见都没见过,更不用说了解并亲自参与感受了。由此可以看出,这些活动已经失落于民间,不再是民族感情的自然表达,而是只是为了表现民族特色的一种及其表层的人为建设。

第三节 少数民族传统体育文化发展中的矛盾

少数民族传统体育文化的发展,是在很长时间内进行的,而在这长期的发展过程中,会存在问题,也会存在着这样那样的矛盾,可以说,这些矛盾之间的相互博弈、相互包容,促成了少数民族传统体育文化的逐渐向前发展。少数民族传统体育文化发展过程中所表现出的矛盾主要有如下方面。

一、区域化与国家化的矛盾

(一)少数民族传统体育的区域化特点

我国地域辽阔,民族众多,各民族所处的自然环境不同,最终所造就的文化也就各不相同。最终所形成的各个民族的传统体育活动形式也多种多样,这就将少数民族传统体育的地域性特点体现了出来。

以最为显著的南北地域性差异来说,首先表现在地理环境方面,北方相对干旱,南方多雨水,北方骑马出行,南方则是坐舟划船。在这样的条件下,北方民族便形成了骑马、赛骆驼等传统体育项目,而南方所盛行的传统体育活动则以赛龙舟等水上项目为主。

区域自然环境的不同造成了生产方式上也有所差别,进而导致区域和民族之间传统体育的差异。导致这一现象的原因主要在于,我国很多传统体育运动项目都是人们在生产生活实践中逐渐总结和发展而来的,与人们的生产生活实践密切联系。

另外,地理环境和生产方式等的不同所造成的人文心理和性格方面也不尽相同。同样以南北方的差异来说,北方人给人以崇尚勇武、豪放的形象,民族体育项目中很多都是注重力量的,典型的有摔跤、搏斗等;南方人则主要表现为心思细腻、善于思考,传统体育项目中主要为心智类和技巧类活动项目。

总的来说,不同的地理及人文环境对少数民族传统体育的产生和发展都产生重要影响,有的甚至是决定性的影响,因此,要求少数民族传统体育的发展一定要遵循区域化这一显著特点,从自身出发,促进少数民族传统体育的整体发展。

(二)少数民族传统体育在全民健身中的发展

近年来,全民健身计划的实施成为我国非常重视一项举措,不仅能有效促进国民体质的有效增强,对于体育事业的发展也有显著推动作用。在这一背景下,少数民族传统体育要想借此契机有进一步的发展,需要在以下几个方面上加以注意。

第一,在少数民族传统体育继承与发展过程中,少数民族传统体育在区域和民族范围内的发展和传播并不是最终目的,不应该止步于此,这对传统体育的广泛发展是无益的。针对该问题,我国应积极拓展各民族传统体育之间的交流与合作,从而使少数民族传统体育项目在全国甚至全世界范围内的开展得以有效实现。

第二,在少数民族传统体育项目的发展过程中,要促进其进一步普及与传播,但是在这一过程中,少数民族传统体育项目自身是地域性和民族性特点不能忽视,要将民族传统体育的这一显著特色保持住,并进一步发扬光大。

总而言之,在少数民族传统体育发展过程中,要将其区域性和民族性特色较好地保持下来,与此同时,进一步推动其在全国范围内的发展和传播,使其在全民健身过程中的应有积极作用充分发挥出来。在少数民族传统体育发展过程中,政府管理部门应积极进行指导,充分发挥少数民族传统体育的功能和作用,同时展现其人文特色。

二、民族化与全球化的矛盾

对于我国传统体育文化来说,其民族化与全球化的矛盾主要体现在与西方文化之间的冲突上。

近代社会,帝国主义的文化侵略,使我国传统文化受到冲击的同时,也将一些近代体育运动项目带到中国。教会学校和以传播基督教教义为己任的基督教青年会促进了真正意义上的西方体育在中国的传播和发展。西方体育思想的传入,在很大程度上给我国少数民族传统体育的发展带来了的挑战。尤其是随着全球化发展进程的逐渐加快,西方体育文化和体育思想得到了更加广泛的传播,参与现代体育运动的人数逐渐增多,这就使得我国民族传统体育不再处于主体地位,让位于西方现代体育。

三、个性化与规范化的矛盾

少数民族传统体育的发展同样也离不开个性化和规范化这对矛盾。

少数民族传统体育在发展过程中坚持以本民族体育特质的继承为主要特征,这就是少数民族传统体育个性化的体现。对于现代体育运动项目来说,其都有严格的运动规则,规范性特点显著。而对于我国少数民族传统体育来说,其中的很多项目地域和民族色彩鲜明,但是在规则的规范性上是不显著的,甚至较差。

从某种意义上讲,少数民族传统体育文化的多样性,是由其个性化特色组合而成的,独特性是其与其他体育文化相区别的重要体现,也是其存在的主要意义,否则,少数民族传统体育文化的价值就不存在了。因此,在少数民族传统体育发展中,其个性化是必须要保持的重要特点。

需要注意是,民族传统体育项目的传播和发展还离不开规范的形式,这对于人们更好地理解民族传统体育和促进其广泛传播有所助益。少数民族传统体育的发展实践表明,个性化特征会对少数民族传统体育成为世界体育的特殊组成部分起到推动作用,但是这种个性化在其量化统计和判别胜负方面却并不是有益的,并且还会对少数民族传统体育的对外传播产生重要影响,甚至是阻碍作用。比如现在发展正盛的跆拳道、柔道等民族传统体育项目,正是进行了规范化革新,才在世界范围内广泛传播。

目前,在我国少数民族传统体育的发展过程中,不仅要将其鲜明的民族特色保留下来,还要针对其中规则不规范的传统体育项目,应积极制定相应的竞赛规则,使其规范化和科学化程度有所提升,从而保证其良性发展。除此之外,还要做到少数民族传统体育个性化与规范化的协调统一的实现,这是少数民族传统体育发展的难点。

四、精英化与大众化的矛盾

精英化与大众化,对于少数民族传统体育来说,也是其不可避免的重要矛盾之一。

(一)少数民族传统体育的精英化目标

少数民族传统体育的精英化,主要体现在其目标上。

对于现代社会的发展来说,文化的大众化和精英化这对矛盾起着不可替代的重要作用。古来就有"下里巴人""阳春白雪",这实际上就是对文化的精英化和大众化矛盾的充分体现。

近年来,体育在各个领域所产生的影响和作用越来越显著,尤其是竞技体育,已经被看作是一个国家综合国力的重要衡量指标。因此,很多国家在推动竞技体育的发展方面都给予了极大的支持,在这方面投入的资源也非常多。真是由于竞技体育的被高度重视,其在各项配套设施、场地、资金、政策等方面都有着强有力的后盾,因此,其发展速度迅速,在往往被视作精英体育文化的典型代表,这一文化只有少数顶级运动员才能参与其中。积极推动竞技体育的发展,能使民族自信心和自豪感有所增强。

随着我国在少数民族传统体育的竞技化发展方面的不断支持与推动,优秀少数民族传统体育项目实现了优化改革,对少数民族传统体育走向世界起到积极的促进作用,由此,也使我国少数民族传统体育发展成为精英体育文化的重要组成部分。我国积极推动武术运动的竞技化发展,推动武术进入奥运会就是民族传统体育精英化发展的重要体现。

(二)少数民族传统体育的大众化发展

少数民族传统体育的大众化,主要体现在其发展上。

由于我国少数民族传统体育项目众多,不可能都实现精英化发展。对于我国少数民族传统体育来说,精英化是其发展的重要方式与目标,而大众化发展也是其重要发展趋向之一。除此之外,对少数民族传统体育项目必须走大众化发展之路产生影响的因素还有以下两个方面。

(1)少数民族传统体育的民族特色较为鲜明,其发展与民族、地域有着不可分割的密切练习,否则就难以生存。

(2)少数民族传统体育是实现民族内部团结和凝聚的重要社会活动方式,而竞技化发展并不是其所要追求的。

总的来说,在少数民族传统体育发展过程中,除了一些项目要走竞技化发展之路之外,大多数项目的发展方向都是大众化,因为只有有足够的群众基础,大众都积极参与其中,才能够为少数民族传统体育的继承和发展提供相应的助推力。在少数民族传统体育发展过程中,大众化是发展的主流,应协调好大众化和竞技化的关系,实现少数民族传统体育的协调、健康发展。

第四节 少数民族传统与体育文化的传承与发展

一、少数民族传统体育文化传承与发展的基本原则

(一)坚持"民族性特质"的原则

对于不同民族来说,由于其民族文化个性特点不同,这就决定了其呈现出的文化发展模式也是有所差别的,这在一定程度上反映了其民族文化特征。

在少数民族传统体育文化传承与发展中,"民族性特质"是需要严格遵循的重要原则之一,要将民族文化特色充分保留下来。要做到这一要求,首要任务就是将少数民族传统体育文化的"民族性"特质确定下来,可以说,这是最为基本的前提。在此基础上,才能进一步推动其向前发展。

在经济、文化全球化发展新形势下,各种形式的体育文化正在逐步走向全球化发展之路。而我国传统体育文化由于深植于我国传统文化土壤中,蕴藏着我国传统文化、哲学等方面的精神内涵,所以全球化效果并不理想。

现阶段,在促进我国少数民族传统体育文化全球化发展过程中,要将良好的传统体育文化模式确立下来,并进行相关构建,这是首要任务,同时,也要注意将"民族性"放在首位,在此基础上,使少数民族传统体育的传承与发展得以实现。坚持"民族性特质",才能为少数民族传统体育的发展打下良好的根基。

具体而言,保持少数民族传统体育的"民族性"特质,需要做的工作有两方面。

第一，要将少数民族传统体育发展的有效途径确定好，同时，采取积极有效的措施，来使其民族特性得到有效保持和传承。

第二，通过采取各种有效措施，来对少数民族传统体育的发展和传播以及其与其他体育文化的交流与沟通起到积极促进作用，在这一过程中，将其文化特质较好地保留下来。

（二）坚持"文化筛选"的原则

在文化的发展过程中，文化本身也是处于不断变化与发展状态的，可以说，这就是一种文化筛选的过程。对文化筛选的理解，可以将其看作是社会进步的动力。在文化发展过程中，一些传统的文化为了能更好地与当下的社会环境相适应，就必须使得自身不断发展，同时，还要注意与当时的时代环境产生新的文化内涵相结合。在少数民族传统体育的传承和发展中，应坚持文化筛选这一重要原则，如此一来，能够为少数民族传统体育与现代社会的良好适应提供必要的助推力，促进少数民族传统体育文化的进一步继承、发展和创新。

我国少数民族众多，其所产生的传统体育项目也是丰富多彩的，是非常宝贵的体育资源。当前，尽管改革开放和全球化发展已经取得了良好成效，但是，由于很多少数民族所处的地理环境较为偏远，交通不便，这就导致其传统体育项目的发展环境往往是较为封闭的，在这样缺少与其他体育文化进行交流与沟通的情况，就一定会对少数民族传统体育文化的发展产生一定的抑制作用。尤其是其中部分少数民族传统体育项目，更是将封建性、不科学性充分体现了出来，这与现代社会发展不相适应，会对其发展产生重要阻碍作用。在少数民族传统体育发展过程中，应坚持文化筛选原则，推动少数民族传统体育文化的现代化发展。

具体而言，在传承和发展少数民族传统体育文化的过程中，要注意对少数民族传统体育文化的精华的充分挖掘，同时，还要积极进行创新，促进其与现代社会发展相适应。除此之外，针对少数民族传统体育文化中的糟粕部分，要果断摒弃掉，而将少数民族传统体育文化的精华发展传承下去。

（三）重塑民族传统体育的原则

在少数民族传统体育文化的传承和发展过程中，重塑民族传统体育的原则也是必须要遵循的重要原则。具体来说，就是要根据实际情况，重构部分少数民族传统体育，或者在现有基础上加以创新，从而使少数民族传统体育的新发展得以顺利实现。应坚持科学发展观的指导，坚持以人为本，促进少数民族传统体育在新的时代环境下的创新发展。

坚持重塑民族传统体育原则,应积极贯彻"体育服务大众、服务现代社会"的现代体育发展思路。要对西方体育发展的理论加以针对性的借鉴,并将其融入少数民族传统体育发展之中,将两者有机结合起来,从而促使少数民族传统体育更好的发展得以实现。除此之外,还要将科学的理论与方法在少数民族传统体育方面作用应用起来,实行有效创新,将更好、更完善的民族传统体育呈现出来。

二、少数民族传统体育文化传承与发展的策略

当前,少数民族传统体育文化的传承与发展过程中,已经有不少可喜的成绩,比如,小部分的少数民族传统体育项目发展势头非常好,已经走出国门、走向世界了,这些就是其他少数民族传统体育需要学习和借鉴的重要经验。同时,要对那些发展不理想的少数民族传统体育加以剖析,将发展欠佳的原因找出来,深入分析,同时,采取相应的策略来进行重点发展,具体从以下几方面着手。

（一）科学规划发展方向,确定发展侧重点

少数民族传统体育的项目已经挖掘整理的数量多达六七百种,要保证其良好的传承与发展,合理规划是必不可少的,否则,其发展方向不够明确,最终的发展成效也会不甚理想。从当前形势来看,政府在这方面所做的工作还是较为欠缺的,这主要表现在整体的规划上。要改善这一现状,就要求首先要做好相应的挖掘和整理工作,全面掌握少数民族传统体育当前的生存状况;与此同时,要将需要重点发展的项目确定下来,拟定国家级重点发展项目,力争打入国际市场,也要拟定地方重点发展项目,力争成为群众喜欢的区域性发展项目;同时还要做好其他项目的文化保护与开发工作。由于我国地域广阔,在少数民族传统体育的发展上,就存在着显著的地域差异,以此为立足点,就需要将相关的侧重点确定下来,根据各个地域不同的发展现状和条件来选择与之相适合的优势特色项目,切忌"一窝蜂"地上项目,科学的正确做法是要紧紧围绕地域传统文化,将本地域特色精品项目作为中心,科学规划品牌发展战略。

少数民族传统体育的发展历程非常久远,在这一过程中,所积淀的文化底蕴是非常深厚的,其也会深刻影响着我国社会的演变与发展,少数民族传统体育文化中,所包含的文化因子众多,其中,有产生促进作用的积极文化因子,也不乏起阻碍作用的消极文化因子,这就需要对此加以剖析,将两种文化因子进行有效区分与掌握。

在当今信息化社会中,少数民族传统体育文化能够为我国社会主义现代化建设提供服务,这就需要从当前社会角度来,对少数民族传统体育的价值重新进行审视,将一套科学化的价值标准有效建立起来,从而以此来达到有效评估少数民族传统体育的社会价值。构建少数民族传统体育价值评估体系,从而使民众客观认识到民族传统体育的价值,促进民众对民族文化的认同,有效保障少数民族传统体育的科学发展方向。

(二)将文化性特点的凸显作为关注重点

民族传统体育具有显著的文化特点,这与其深厚的文化底蕴是密切相关的。同时,这也要求坚定民族传统体育是民族文化的重要组成部分的信念。在中华民族的发展历史中,绚丽多彩的文化被逐渐创造出来。我国各民族的传统体育是我国优秀文化的重要组成部分,内容丰富多样,蕴含着各民族特有的价值观念和思维方式,是一种独特的文化体系。

少数民族传统体育作为民族文化遗产,是在一定的社会环境生存并发展起来的,但是,它往往是在人们的日常生活中,得到体现的。比如,日常的社会交往、礼仪风俗、衣食住行等方面。由此可见,我国民族传统体育在其漫长的历史发展长河中,已形成了具有深厚文化底蕴的、发展成为体系的、具有代表性特征的民族传统体育项目,它们在中国文明史上扮演着重要的角色,承载着丰富的历史信息,是我国优秀传统文化的重要组成部分。

少数民族传统体育文化所包含的文化信息数量是庞大的,且非常重要,这与其所具备旺盛的生命力、鲜明的当代价值、具有文化继承的广泛受众土壤、适宜的文化生存环境等不无关系,某种程度上说,这也是少数民族体育传统体育的民族文化价值的重要表现。

现阶段,要想使少数民族传统体育文化在体育全球化背景下,实现更好的发展,就必须将少数民族传统体育视为我国民族传统体育文化的重要组成部分,积极促进少数民族传统体育文化与其他优秀民族文化的交流,相互尊重,相互学习,共同进步。只有在注重我国少数民族传统体育本质文化属性和特点的基础上,善于借鉴其他优秀民族文化以及民族文化的优秀部分,才能对少数民族传统体育文化的传承与发展起到积极的促进作用。

(三)加大宣传力度,拓展筹资渠道

1. 加大宣传力度

对于政府来说,其向外界展示法规文件和政策,往往都需要借助一定的手段和途径,媒体宣传的效果就非常显著。在少数民族传统体育文化的

传承与发展中,媒体宣传力度要有所加大,将电影、电视、墙报、报刊、互联网等传播媒介充分利用起来,不断完善民族传统体育宣传制度,在相关的民族传统体育法规条例中纳入媒体宣传制度,通过制度建设来促使媒体的宣传力度进一步提高,规范和督促媒体的宣传行为。通过媒体宣传促进民众对各民族传统体育项目的了解。

积极运用电视媒体,通过专题报道、电视媒体等进行造势宣传,吸引民众的目光,充分利用互联网资源对我国民族传统体育资料进行挖掘和整理,并进行数字化处理,通过进行网络传播,促使更多的工作人员及时了解相关信息,并能快速为我所用。

针对我国部分民族传统体育项目,出版相应的科普读物,并且针对性地制作优秀民族传统体育项目音像制品,通过这种方式让更多群众了解少数民族传统体育的有关知识,并能学习自己喜欢的休闲、娱乐、健身养生等传统体育项目。

2. 拓展筹资渠道

少数民族传统体育的发展,离不开必要的经费投入,因此,筹措资金就成为一项非常重要的任务。当前,少数民族传统体育发展在资金方面,大多的情况是入不敷出的,经费不足的现象非常普遍,这就要求拓展筹资渠道,以此来有效改善政府对少数民族传统体育发展经费投入单一和不足的问题,同时,还要合理使用社会资金、公益资金和政府资金,使所筹到的资金能够发挥出其最大的功用,为少数民族传统体育发展作出有效贡献。

除了各级政府要根据地方财政情况适当加大民族传统体育发展资金投入外,发动社会企业、事业单位、公司、个体等社会力量的积极参与,也是需要重点关注的方面,以此来争取更多社会资金对民族传统体育开发的投入。经费投入上要进行合理安排,首先,要适当兼顾一些民族地区项目的发展,要将关注的重点放在开发项目的挖掘、保护、运用上,对民间艺人的生活扶持以及有关物质文化层面的整理、保护、创新等也属于该范畴。除此之外,还要合理分配和使用体育彩票公益资金,要在以少数民族传统体育为主的群众体育事业发展中投入更多的资金,改善相关的配套设施和条件。

(四)构建与完善少数民族传统体育文化及其人才培养体系

1. 少数民族传统体育文化研究体系的构建

(1)少数民族传统体育文化理论与实践研究。

我国民族文化在长期的发展演变过程已经有了深厚的积淀,其所包含的内容非常丰富,少数民族传统体育文化是其中的一个重要组成部分,对于我国文化繁荣与发展具有重要的意义。在少数民族传统体育文化理论与应用研究中应从多学科、多角度对少数民族传统体育文化进行系统研究,把握少数民族传统体育产生、发展的规律,对少数民族传统体育文化的现代化发展起到积极的促进作用。

目前,关于少数民族传统体育学科理论的研究还不甚理想,首先,其研究的深度和广度都不够,这种较为薄弱的情况,使得学科的发展需要无法得到满足,这就阻碍了其进一步的发展。因此,现阶段的重要任务之一,就是在理论方面对少数民族传统体育的深入研究。此外,应该针对少数民族传统体育在传承和发展过程中遇到的现实问题进行有目的的研究。

(2)少数民族传统体育教学训练理论与方法研究。

现阶段,我国应积极对少数民族传统体育进行挖掘整理,并积极加以改造。在这一过程中,科学的原理与方法的运用是需要关注的一个重点。对于一些典型的少数民族传统体育项目,应加强技战术、教学与训练方法、竞赛组织和裁判法等方面的理论与实践的研究。

少数民族传统体育的发展是多元化的,但是,走进校园是其中不可忽视的一个重要方向,具体来说,要以校园为载体,实现其继承、传播和发展。我国应积极对其进行改造和完善,促进其教学、训练和竞赛的开展与发展。应将少数民族传统体育教学训练理论与方法作为研究的主要对象,积极推动其走进学校,并使其在全面健身中发挥作用。

(3)加大少数民族传统体育项目自身的研究。

少数民族传统体育是一种特殊形式的体育活动形式,具有重要的社会文化价值,它不仅是一种身体运动,更重要的是,它是一种与外界进行信息交换的文化开放系统,具有综合性文化特征。应该不断加大对少数民族传统体育项目的研究,从中不断挖掘其文化内涵,促进少数民族传统体育文化体系的构建。

2. 构建少数民族传统体育文化的人才培养体系

在现代社会发展过程中,人才的重要性越来越突出,可以说,人才资源是最为重要的资源,鉴于此,我国应注重少数民族传统体育人才的培养,构建人才培养的多元化模式,为少数民族传统体育的发展提供发展的空间和人力保障。

与此同时,还要建立相应的科学管理机制,应加强对相关从业人员的职业技能培训,并开展相应的少数民族传统体育人才培养计划,对专门的人才进行侧重培养,从而为少数民族传统体育的传承与推广提供必要的人才保障。在人才培养过程中,应立足当下、着眼未来,建立完善的人才培养体系。

(五)做好少数民族传统体育文化传承与发展保障体系建设

少数民族传统体育文化的传承与发展,是需要一定的保障工作加以扶持的,因此,建立少数民族传统体育文化的保障体系,并在不断的发展过程中加以完善,势在必行。具体来说,可以从以下几方面着手进行。

1. 引入市场机制,吸引资金支持

我国社会已经进入了市场经济为主的阶段,不管是什么样的项目,其发展都必须具备市场和资金的支持这两个重要条件,这对于少数民族传统体育项目的传承与发展来说也是如此,需要与市场接轨,在一定范围内走市场化发展道路。因此,在少数民族传统体育项目发展过程中,应积极引入市场机制,不断吸引更多资金的支持,吸引更多企业家的关注,为其传承与发展增添助力。

2. 政府出台支持政策

由于我国目前是一个“强政府,弱社会”的国家,任何项目的发展,都要得到政府的支持,这一点是非常重要的。要快速发展少数民族传统体育,政府的政策支持是非常重要的一环,因为少数民族传统体育的发展,关系到国家的对外交流与国家文化形象的展示,国家对此会有所规范与要求,同时,也会为促进这一进程的推进制定、实施相关的支持政策。在很大程度上,政府制定的许多政策,对少数民族传统体育的传承和发展起到了主导,甚至是决定性作用。政府应该出台一些支持少数民族传统体育发展的扶持政策,促进少数民族传统体育的发展。目前,我国已经出台了一些体育产业相关政策,但是由于受到一些制约因素的限制,完善的配套政策还没有出台,这是未来很长一段时间需要重要研究与探索的重要课题。

3. 建立监管保障机制

在少数民族传统体育发展过程中,必要的监管机制也是不可或缺的,监管的对象是非常广泛的,比如相应的政策实施情况,项目挖掘与整理情况,相应资金的使用情况等。建立监管机制,其所带来的效益主要包括项目的顺利实施,并在发展过程中及时发现问题,解决问题,促进少数民族传

统体育文化的传承与发展。

4. 建立健全相关管理体系

任何项目的发展,都是需要相应的组织与管理的,通过高效的管理,可以提高项目的运作效率。少数民族传统体育的传承需要一套完善的管理体系,这样才能有条不紊地开展传承工作。

第七章　少数民族传统体育教育传承与发展

少数民族传统体育是我国体育事业的重要内容,不论是体育领域还是社会和谐发展都离不开少数民族的贡献。因此加强少数民族传统体育的传承与发展是非常重要的。为促进我国少数民族传统体育的发展,必须要高度重视学校教育这一途径,各学校要结合自身实际情况,积极引进各种少数民族传统体育项目,这能培养出大量的民族传统体育人才,对于我国民族传统体育的发展,具有深远的影响和意义。

第一节　少数民族传统体育学科理论体系建设

随着学校体育教育的不断发展,目前我国很多学校都开设了不少的少数民族传统体育课程,这一学科理论体系日益丰富和完善。但需要注意的是,也有不少的学校受升学率等方面的影响,只注重文化课的学习,体育教育成为摆设,更不用谈少数民族传统体育课程的建设了,这一状况令人担忧。要想加强学校少数民族传统体育的理论体系建设,促进我国少数民族传统体育的发展,需要从以下几个方面进行。

一、少数民族传统体育学科理论体系的构建条件

（一）理论准备

一门学科的健康发展,首先就要有一定的理论基础做保障,即构建一个健全和完善的学科理论体系。在构建少数民族传统体育学科理论体系之前,必须要明确这一学科的概念、内涵、价值与意义等,对这些内容进行推理、总结与归纳,在整理的过程中,要充分考虑各方面因素,由此及彼、由表及里、去伪存真,力争达到客观性与真实性。

（二）方法论

构建少数民族传统体育理论体系除了要遵循一定的科学理论之外,还

要讲究一定的方式与方法。只有通过科学的方法才能对少数民族传统体育做出科学的研究与分析,从理论到实践,从抽象到具体,进而形成逻辑严谨的学科理论体系。也只有通过科学的方法,才能事半功倍,确保少数民族传统体育学科体系建设稳步向前发展。

（三）实践经验

在构建少数民族传统体育学科理论体系的过程中,除了需要一定的理论指导外,还少不了必要的实践经验。实践是检验真理的唯一标准,大量的实践经验,能为少数民族传统体育学科理论体系的建设提供充分的保障。人们对事物的认识是处于不断变化和发展之中的,从感性认识上升到理性认识,对事物的认识会越来越深刻。作为一名民族传统体育工作者,要力争从感性认识上升到理性认识,这样才能为研究少数民族传统体育的研究提供良好的实践指导,确保少数民族传统体育发展方向的准确性。

二、少数民族传统体育学科理论体系框架建设

在构建少数民族传统体育学科理论框架时,可以将其框架分为学科基础理论、学科战略理论和学科交叉理论三个部分。下面对此做出具体的研究与分析。

（一）民族传统体育学科基础理论

通过长期累积下来的实践经验能形成完善的理论体系,这是事物发展的基本规律。与此同时,事物的发展也离不开一定的理论支持。少数民族传统体育的发展也是如此。理论的支持和引导,可以说是民族传统体育学科发展的必要条件。民族传统体育学科的孕育与发展不是偶然的,是在一定的理论基础之上发展起来的。

总体来说,民族传统体育学科的基础理论体系主要包括体育学、民族学与社会学等学科理论,是体育学、民族学、文化学、社会学、伦理学等多学科的综合,是一个复杂的综合学科。加强这些学科的研究,对于民族传统体育学科的发展具有重要的意义。

学科理论研究对于少数民族传统体育的作用主要体现在以下几个方面。

（1）学科理论可以揭示民族传统体育学科由"潜"到"显"的变化规律。

（2）学科理论有利于充分发挥学科理论逻辑在民族传统体育学科中的作用,能指导民族传统体育学科体系的科学建设。

（3）学科理论有利于研究形成理论体系和学科发展的基本规律,有利于民族传统体育学科的建设与发展。

（4）学科理论能揭示民族传统体育学学科发展的动因,从而探求其发展机制与科学原理。

（二）民族传统体育学科战略理论

随着现代社会的不断发展,社会各学科之间的融合与交流日益紧密和频繁,在这样的情况下,必须要有一定的战略指导思想,这样才能为突破学科理论提供必要的准备。除此之外,树立一定的学科战略思想还有利于各学科的组合与发展,有利于学科理论体系的构建。

民族传统体育学的学科战略思想,就是从根本上指导、全方面筹划、全方位决策民族传统体育学科领域。这一战略指导思想要求人们要用战略性的眼光去看待民族传统体育学科的发展,揭示各学科的发展周期,本着科学的眼光去认识学科发展模式,从而推动学科的发展。

（三）民族传统体育学科交叉理论

随着现代社会的不断发展,不同门类学科之间的渗透性也要跨学科结合与渗透,这是当今科技发展趋势的必然结果。学科的交叉融合,可以有效地促进学科的发展。科学理性地探索民族传统体育中所蕴含的文化内涵,要以多学科角度透视为基础,多方位、多层面地进行,这样才能准确并客观地认识到民族传统体育的哲学理念、文化内涵、价值功能、本质特征及其发展规律。

当代体育学领域引入众多学科,对体育运动的不同层次和侧面进行多学科综合研究,多学科融合为民族传统体育学科的研究奠定了理论基础。具体表现在以下几方面。

（1）多学科的理论大大强化了民族传统体育学研究的理论基础和认识能力。

（2）社会学、经济学、哲学、美学、伦理学等社会学科为少数民族传统体育学科的研究与发展提供充分的保障。

（3）多学科之间的融合与发展极大地改善了体育理论研究工作者的知识结构。

（4）各学科之间的交叉与发展有利于扩大民族传统体育学视野和研究范围,有利于取长补短,获得共同发展。

（5）各学科的交流与发展提高了民族传统体育学研究的起点和研究水平。

（6）多种社会学科的交叉应用，不断拓宽了少数民族传统体育学研究的深度，推动着这一学科的不断发展。

建设少数民族传统体育学科理论体系，要注重少数民族传统体育学科生存和发展的条件、机制和动力，各门学科研究组织与人员之间要加强协作，共同促进少数民族传统体育学科理论的发展与完善。

三、少数民族传统体育学科理论体系建设的着眼点

（一）少数民族传统体育教学课程改革

学校体育教育的主要目标是增强学生身体素质，提高学生运动技能，培养学生"终身体育"的意识和习惯，除此之外，还有促进人际关系的和谐与社会发展。总的来说，体育教学要将"终身体育"思想贯彻人的发展始终，不断推进少数民族传统体育教学的改革与发展。

受应试教育的影响，我国有很多学校都不重视体育教学，大都存在着年限较短的问题，因此必须要延长体育课年限，采用必选课形式教学，采用学分制管理的方式。除此之外，为提高学生的运动水平，还要建设一些体育健身俱乐部，吸引学生投入其中进行学习与锻炼。学校相关部门还要不断挖掘少数民族传统体育教学内容，并结合本校的特色进行教学，以促进学生的全面发展。

（二）少数民族传统体育教材建设

教材在少数民族传统体育教学中发挥着非常重要的作用。因此，加强少数民族传统体育教材的建设应引起相关部门的高度重视。在编写少数民族传统体育教材时，要遵循系统化和科学化的原则，编写的教材要具有一定的普适性，适合绝大多数学生学习。

在编写教材时，要突出区域民族传统体育特色，充分彰显民族特点，并将具有代表性的项目，编写成双语教材，便于世界各国人民学习，增强我国少数民族传统体育的国际影响力。

（三）少数民族传统体育人才培养

人才是推动社会发展和进步的重要力量，在21世纪现代社会发展的今天，人才扮演着尤为重要的角色。据调查，当前我国学校体育教育中存在着人才匮乏的现象，突出表现在民族传统体育教育方面。这严重制约和影响着我国少数民族传统体育的发展。因此，要求我国学校体育教育各部

门重视与加强体育教师、体育骨干等人才的培养力度,力争挖掘出具有一定规模和数量的少数民族传统体育人才,从而为我国少数民族传统体育的发展做贡献。

第二节　少数民族传统体育教学原则与方法

在进行少数民族传统体育教学过程中,需要遵循一定的原则与方法,这样才能保证良好的教学效果。教师在进行教学的过程中,一定要在遵循教学基本原则的基础上结合学生的具体实际进行教学。

一、少数民族传统体育教学的原则

（一）直观性原则

直观性原则指在少数民族传统体育教学过程中,教师应结合体育运动规律及特点,充分利用学生的听觉、视觉、肌肉本体感觉和已有的知识、技能,以获得生动形象的表象,通过直观教学手段的运用来提高学生的知识与技能水平。

遵循直观性原则需要体育教师在教学中注意以下几点要求。

（1）讲解要准确而生动。教师在讲解少数民族传统体育基础知识与相关运动技能时,不能模棱两可,要准确无误且形象生动,充分激发学生学习的积极性。

（2）技术动作示范要正确。教师在讲解与示范民族传统体育各项目的技术动作时,一定要做出正确的示范,这样才能避免学生错误的模仿。另外,教师还要充分利用现代化教具,加深学生的直观印象,提高教学效果。

（3）重点要突出。教师在教学过程中,要科学备课,划出教学的重点与难点,重点内容的讲解要占据课堂的大部分时间。

（4）引导学生积极思考。在体育教学中,学生要想掌握运动的本质与规律,就必须要遵循从感性思维上升到理性思维的原则。体育教师要多运用直观教学手段,为学生做出准确的示范,并引导学生积极思考,发散学生的思维,帮助学生掌握动作方法与要领。

（二）客观性原则

客观性原则是指少数民族传统体育教学的安排要从实际出发,依据学生的性别、年龄、个性、运动基础及学校条件等,在考虑这些要素的基础上,合理安排少数民族传统体育教学内容,从而实现预期的教学目标。

贯彻客观性原则需要注意以下两个方面的要求。

(1)深入学生内部,充分了解学生的个性和学习状况。

(2)教学中要结合学校条件和学生实际合理安排运动负荷。

(三)渐进性原则

循序渐进性原则是指教学应遵循学生的个性特征、认知规律、动作技能形成规律以及身体活动变化的规律,合理安排运动负荷,帮助学生丰富知识体系,提高运动技能。

遵循循序渐进原则应做到以下几点要求。

(1)在制定教学文件时,要本着系统性的原则进行。教学文件主要包括课程教学大纲、教学进度、课时计划等。只有制定一个合理的切实可行的教学文件,才能保证教学工作的顺利进行。

(2)根据教学实际合理安排教学内容。教师要认真钻研教材,准确把握各项教材以及各运动项目之间的关系,确保教学内容的安排要前后衔接、符合逻辑,便于教学。

(3)合理采用教学方法。教师选择的体育教学方法,要有利于学生学习和掌握知识与技能。教学方法的应用,应坚持由易到难、由浅入深的原则。

(4)合理安排运动负荷。教师在教学过程中,应逐步提高运动负荷,运动负荷的调整要合理有序,本着从小到大,逐步上升的原则进行,让学生逐步适应运动的规律。一个季度或一个学期的教学中,运动负荷的安排,也要遵循循序渐进提高的原则,以增强学生的体质和提高其运动能力。

(四)积极性原则

积极性原则是指在教学过程中,教师要采取一切可能的手段与方法提高学生学习的积极性,引导学生积极主动地进行学习,从而实现既定的教学目标和任务。

贯彻积极性原则需要做到以下几个方面。

(1)明确少数民族传统体育教学的目标,根据教学目标制定教学方案。

(2)激发学生学习动力,培养学生积极主动学习的兴趣。

(3)做好学生的心理辅导,帮助学生解决各种不良心理问题。

（五）全面性原则

全面发展性原则是指教学要能促进学生的全面发展，使学生在体力、智力、心理、技能等方面都获得发展和提高。

遵循全面发展性原则需要做到以下几点要求。

（1）革新旧思想，树立现代教学价值观，合理评价少数民族传统体育教学的质量。在评价少数民族传统体育教学时，要注重其生物学价值、教育学价值、心理学价值等方面。

（2）增强学生体质，重视学生长期发展。在帮助学生完成教学任务的同时，还要重视对学生进行终身体育教育。在具体的少数民族传统体育教学中，应促使学生各方面素质都能获得协调一致的发展，培养一个全面发展的人才。

（3）在制定教学工作计划时，要依据学生的身心发展规律和全面发展的特点进行，编写的教案要科学、合理，便于教学过程中及时调整。

（4）在教学准备、实施、评价等阶段中，教师一定要选择合理的教学方法和手段，重视学生的全面发展。

（六）地域性原则

我国地大物博，少数民族众多，在不同地区，学校民族传统体育课程的发展情况都是不同的，因此教学中教师要充分考虑这一情况。依据地域性原则进行教学。

遵循少数民族传统体育教学的地域性原则需要注意以下几个方面的要求。

（1）教学中因地制宜地开展教学。以本土民族传统体育项目为主，体现本地区少数民族传统体育教学的特色。

（2）在学校条件允许的情况下，不断拓展教学内容，提高学生知识水平和运动技能。

（七）巩固性原则

少数民族传统体育的教学过程，是学生学习和提高运动技能和运动水平的过程，为帮助学生牢固掌握运动技术，提高运动水平，必须要反复不断的进行学习，获得提高，从而实现增强体质、全面发展的目的，这就是巩固性原则。

遵循巩固性教学原则应做到以下几个方面的要求。

（1）在教学过程中，教师要指导学生增加练习次数，反复不断地练习技术。通过大量的反复不断的练习，学生能逐步形成正确的动作定型，逐步提高运动水平。需要注意的是，反复不断的练习并不是简单机械的重复，而是要提出新的更高的要求，从而帮助学生巩固与提高运动技能。

（2）改变练习条件，逐步提高练习的难度。学生在长期的枯燥无味的练习中，难免会出现一定的厌学情绪，因此可以适当地改变练习条件，增加练习的难度，从而激发学生学习的积极性，提高教学效果。

（八）形式多样性原则

我国少数民族传统体育众多，不同少数民族都有自身特色的体育文化，因此，学校部门可以结合当地实际合理创编民族传统体育项目，引进学校体育教育之中。我国少数民族传统体育内容丰富、形式多样，因此在教学中要贯彻形式多样的基本原则。

（1）依据学生的个性特点、运动基础，创编多种多样的教学内容，激发学生学习的兴趣，引导学生积极主动的进行学习。教师可以根据学生的实际情况进行有针对性的教学。在具体的教学中，要让学生掌握该项目的基本理论知识，向学生展示多样化的技能，激发学生学习的兴趣，提高教学效率。

（2）在同一技术方面，采用多种形式的教法手段，帮助学生掌握和提高技术水平。

（3）在教学中，要以学生为本，充分激发学生的学习潜能，密切关注学生学习的全程，给予必要的指导。

（4）采用传统教学与现代化教学手段相结合的方法提高学生学习的质量，如多采用多媒体技术进行教学，往往取得良好的教学效果。

（九）拓展创新原则

任何事物的发展和进步，都是建立在一定的改革和创新基础之上的，对于少数民族传统体育教学而言也是如此。我国少数民族传统体育项目众多，作为学校教育部门要加强民族传统体育项目的拓展创新，创编适合学校教学的民族传统体育项目，丰富整个学校体育教学体系。但需要注意的是，在进行改革与创新的过程中，要尽量保持运动项目原有的风格和特色，保留本地区的民族意识和民族情感等内容，要突出特色和不同，这样才能吸引学生积极主动地参与民族传统体育教学之中。

二、少数民族传统体育教学的方法

(一)语言教学法

在少数民族传统体育教学中,运用各种形式的语言对学生的学习和练习进行指导的方法就是语言法。这一种教学方法能很好地启发学生的思维,帮助学生形成正确的动作表象,激发学生学习的积极性,构建良好的学习氛围。

常见的语言教学方法主要有以下几种。

1. 讲解法

讲解法主要常用语少数民族传统体育理论教学中,教师通过形象生动的语言启发学生积极思维,加深学生对教材内容的理解,帮助学生掌握基础知识与提高运动技能。讲解法应该具有一定的科学性和艺术性,这能有效激发学生学习的动力,营造良好的学习氛围,从而提高教学效果。

在运用讲解法时,教师需要做到以下几点要求。

(1)讲解要具有明确的目的性。

(2)讲解要简明、形象和生动。

(3)讲解要有系统性、逻辑性、启发性。

(4)讲解的时机要准确,效果要突出。

(5)讲解要与示范相结合,能保证学生看明白。

2. 口令与指示

口令是有一定的形式和顺序,有确定的内容,并以命令的方式指导学生活动的语言方式,如队列队形练习、队伍调动等需要运用相应的口令。口令应洪亮、准确、清晰、及时,并注意根据人数、队形、内容、对象等实际教学情况控制声音、节奏等。

指示是运用比较简明的语言,组织指导学生活动的语言方式。口头指示应准确、及时、简洁,尽量用正面词。一般来说,口头指示法主要用于以下两种情况。

(1)组织教学活动,如布置教学场地、收拾体育器材等。

(2)关键的动作讲解用简洁的语言作提示。

（二）直观教学法

1. 动作示范

直观教学法少数民族传统体育教学中最为常用的方法之一，在教学过程中，教师以具体动作为范例来使学生对所要学习的动作规范、结构、要领和方法有一个整体的了解。动作示范教学法的优势主要体现在简便灵活、真实感强、针对性强。教师在进行动作示范时要注意示范动作的准确性，这就需要达到以下几点要求。

（1）示范目的要明确。

（2）动作示范的时间要科学。

（3）动作示范的位置要合理。

（4）突出动作的重点和难点。

（5）动作示范要正误对比。

（6）动作示范要准确优美。

2. 直观教具与模型演示

在少数民族传统体育教学中，教师运用挂图、图表、照片等直观教具进行教学的方法就是直观教具与模型演示法。真人的示范一般无法长时间停顿，特别是空中的动作，而教具则可以使学生长时间观摩，还可根据情况突出某个细微环节，所以在少数民族传统体育教学中应充分利用图表、模型和照片等直观教具进行教学。采用该方法来传授少数民族传统体育技术，有助于促进学生大脑中建立正确动作表象，使学生详细了解技术动作的全过程。

采用直观教具与模型演示法要注意以下几点要求。

（1）有明确的目的。

（2）有适宜的演示方式。

（3）注意演示的时机要恰当。

（4）与讲解示范结合运用。

3. 动力与阻力

在少数民族传统体育教学中，借助外力的帮助或对抗力的阻碍，使学生通过触觉和肌肉的本体感觉，直接体会动作的要领和方法，多在初学或纠正错误动作或体会某一动作细节时运用。

4. 定向与领先

定向是以相对静态的具体视觉标志（标志物、标志线、标志点等）给学生指示动作方向、幅度、轨迹、用力点。领先则是以相对动态的、超前的视觉为信号。在运用这一教学方法时，教师要以少数民族传统体育教学内容、教学对象等要素的特点为依据来合理设置视觉标志。

5. 电化教学

利用电影、录像、多媒体等现代电化教学手段进行教学的方法就是电化教学，这种教学方法生动、形象、富有真实感。看一次实际训练或比赛，往往印象不深；或看了这个，看不了那个；看了这方面，错过了那方面，而运用电影和录像等电化教学手段可避免这些问题的出现。特别是慢速电影，更是独特。

运用电化教学方法能有效吸引学生的注意力，有助于学生明确技术的完成过程。另外，教师还可以根据教学需要放慢动作，甚至定格，深入剖析各个动作环节，帮助学生掌握动作要领。

（三）竞赛教学法

竞赛教学法是指在比赛条件下组织学生进行民族传统体育练习的方法。这一方法具有一定的对抗性、竞争性等特征，利用这一方法能充分激发学生学习的兴趣，培养学生顽强的意志品质。

运用竞赛教学法时需要注意以下几个方面的要求。

（1）竞赛法的主要目的在于实现教学目标，促进学生全面发展。

（2）在安排竞赛形式时，要充分考虑学生的实力对比，进行科学合理的分组。

（3）公正地评价竞赛结果，奖惩分明。

（四）游戏教学法

游戏教学法是指在规则允许的范围内，充分发挥个人主动能动性完成既定教学目标的方法。这一方法具有较强的娱乐性，能充分激发学生学习的积极性和兴趣，从而提高教学质量。

运用游戏法进行教学时，需要注意以下几点要求。

（1）依据教学目标和教学条件，选择合适的游戏内容，制定游戏规则，指导学生严格按照既定的游戏规则进行比赛。

（2）在遵守既定比赛的规则基础上，鼓励学生充分发挥自己的主动性与创造性。

（3）认真对待裁判工作，客观评价游戏活动。不能只重视游戏的胜负而忽视了学生在游戏中的表现。

（五）自主学习法

1. 概念

自主学习法是指为了实现少数民族传统体育教学目标，学生在体育教师指导下根据自身条件和需要制定目标、选择内容、规划学习步骤，完成学习目标的体育学习模式。① 这一教学方法具有能动性、独立性和创造性等鲜明的特点，能有效提高学生学习的能动性，帮助学生建立和形成主动学习的意识和习惯。总得来看，这一教学方法的作用主要体现在以下几个方面。

（1）有利于确立学生在教学中的主体地位的确立，有利于激发学生学习的积极性。

（2）有利于学生终身体育意识能力的培养。

（3）有利于提高少数民族传统体育教学效果。

2. 教学步骤

（1）自定目标。

在少数民族传统体育教学中，学生是教学活动的主体，应该充分发挥自己的主动性，积极主动地进行学习。可以依据教学目标和自身条件，制定一个适合自己的学习目标。这一学习目标要合理，能通过一定的努力实现目标。

（2）自主选择学习方法。

学生比教师更为了解自己的具体情况，因此在以人为本的教学理念下，要鼓励学生自主选择适合自己的教学方法，自主安排教学活动。

（3）自主评价。

学生自主评价是指参照少数民族传统体育教学目标，并结合自身具体实际客观地做出自我评价，根据评价做好下一步的学习安排。

（4）自我调控。

学生依据教学目标和具体实际需求及时调整学习目标和教学方案，并积极改进，以获得发展和进步。

---

① 张选惠. 民族传统体育概论[M]. 北京：人民体育出版社，2005.

（六）合作学习法

1. 方法分析

合作学习法是指学生在小组或团队中为了共同完成教学目标和任务，进行分工合作的方法。合作学习法主要表现出以下几个特点。

（1）小组成员间相互依赖。

学生要明确自己与小组成员之间的关系，做到同舟共济、荣辱与共，既要对自己的学习负责，又要对团队成员负责。

（2）个人责任。

个人责任是指小组中每一名成员部必须要承担一定的责任和任务，保证教学活动的顺利进行。在小组合作教学中，如果没有一个明确的责任，就容易出现不合群的现象，不利于取得理想的教学成绩。

（3）社交技能。

合作学习法能在一定程度上提高学生的社交技能。通过合作学习的方式，学生之间能增强彼此的沟通与交流，从而实现共同发展的目标。其中社交能力的提高是一个非常重要的目标。

（4）小组自评。

合作小组中的每一名成员必须要定期对本小组的活动作出科学的评价，评价活动要客观、真实、有效。

（5）混合编组。

在分组时要保证分组的科学性和多样性，采用混合编组的形式进行，增进不同学习水平之间的学生的交流。

2. 教学步骤

（1）组内异质分组、组间同质分组。

依据班级规模、场地器材、学习内容，将学生分成若干个异质合作学习小组，每组由6～8人组成，组与组之间同质。

（2）制定学习目标。

小组内的所有成员根据学习主题制定共同的学习目标，并采取多样化的教学手段努力实现学习目标。

（3）选择课题，明确组内分工。

在教学过程中，体育教师与学生根据具体的教学实际合理确定具体课题，明确组内成员的各项分工，每一名成员都要贡献自己的力量。

（4）具体实施。

小组成员要共同集合起来依据学习主题,努力去实现教学目标,小组内的每一名成员都要各司其职,各尽其能。

（5）小组间的比较与评价。

小组成员之间要加强沟通、交流与反馈,获得共同提高;同时还要不断纠正学习过程中的不足,改进教学方法与手段。

（6）评价学习效果。

评价小组成员的合作技巧、效果与氛围,评价每个成员的进步程度,并做好必要的评价记录。

第三节　少数民族传统体育教学组织与实施

一、少数民族传统体育教学的组织

（一）组织形式

1. 集体教学

（1）集体教学概述。

①概念。集体教学就是指在学校教育中,把学生集中起来进行教学的形式。这一教学形式在学校教学中最为常见。②优缺点。优点:有利于教师组织课堂教学活动,有利于营造良好的学习氛围,有利于培养学生良好的学习行为。缺点:不利于教师区别对待的进行教学。

（2）注意事项。

①教师在讲解、示范动作时,所选的位置要恰当,要能使每一名学生都能清楚的看到。②要采用合适的口令指导学生各种行为。③加强课堂组织纪律教育。④根据实际情况合理调整运动负荷。⑤采用新教材教学时,不宜随意改变原练习队形的方向。

2. 分组教学

（1）分组教学概述

①概念。分组教学法就是指把大的教学群体分解成若干小组进行复习、巩固、提高的教学形式和方法。一般情况下,每组在 4～8 人左右。②

优缺点。优点:有利于发挥学生骨干的作用,培养和提高学生的实践能力;有利于培养学生主动学习的意识和习惯。缺点:时间太长,不利于营造浓厚的学习氛围。

(2)注意事项。

采取分组教学形式时,要注意几个方面的问题。

①每组人数不宜过多。②要明确、恰当、合理地布置任务。③合理地变换教学内容、形式与方法。④根据教学具体实际提出新要求,进行新技术动作教学时,教师首先要做好正确的示范。⑤教师要按照既定的教学计划观察全班、小组或个别学生,尤其是学习能力相对较差的学生。⑥全面培养学生骨干,提高其体育教学组织的能力。

3.个别教学

(1)个别教学概述。

①概念。个别教学就是指教师单独对一个或几个学生进行辅导的方法。
②优缺点。优点:区别对待,便于纠正学生个性问题,有利于培养典型骨干。

缺点:不能照顾到所有的学生。

(2)注意事项。

①抓住教学的重点与难点。②针对每名学生进行辅导,加强班级纪律建设。③提前制定教学活动计划。④每次辅导课都要实现既定的目标,确保学生有所收获。⑤灵活处理学生在教学中的个性问题。

(二)教材组织

(1)教学课的安排要合理,一般安排两项教学内容,不宜太多太杂。新动作教学要在巩固与复习旧动作的基础上进行。

(2)教材内容要依据教学对象和教学任务而定。通常情况下,初级水平的学生主要学习运动专项基本功;中等水平学生在学习基本功的基础上,进一步拓展技术学习范畴;较高水平的学生则主要以提高自己的运动技能,培养创造性思维为主。

二、少数民族传统体育教学课的实施

(一)备课

“备”主要是指预测,预防。“课”则是指学业。备课就是预先对学业方面的问题进行策划,以保证教学过程能够顺利进行。备课是少数民族传统体育教学的最为基本的环节之一。

1. 备课的意义

(1)备课能保证教学活动的顺利进行。
(2)备课能有效提高教师分析与解决问题的能力。
(3)备课能提高教学工作的预见性,充分调动学生学习的积极性。
(4)备课能培养教师良好的工作习惯。
(5)备课能有效提高教师的教学水平和科研能力。

2. 备课的要求

(1)教师要认真钻研教学大纲,根据教学大纲要求制定教学方案。
(2)教师要事先了解教学场地及教学器材,做到心中有数。
(3)教师要全面观察和了解每一名学生,掌握学生的具体状况。
(4)教师要重点思考采取何种教学方法进行教学。

(二)撰写教案

教案是备课的继续,是教学的文字材料,又被称为课时计划。教师在撰写民族传统体育教案时要注意以下几点。
(1)教案版面布局要合理,要美观大方。
(2)文字说明言简意赅,结构规范,字迹工整。
(3)根据教学目标合理安排教学任务与内容。
(4)各项动作要领描述要准确无误。
(5)要突出教学重点,教学内容要有主次之分。
(6)合理安排练习的时间和运动负荷。

(三)上课

教师在上课过程中,要本着饱满的热情进行教学,善于启发学生进行思考,提高学生学习的积极性。在上课时,教师要做好以下几点要求。
(1)充分做好各方面的准备。
(2)认真钻研教案并深入的贯彻与执行。
(3)发挥教师的主导作用,提升学生学习的主观能动性。
(4)讲解示范要准确,语言要生动形象。
(5)教学方法要合理,运动量的安排要适中。
(6)仪表端庄,态度热情,辅导耐心细致,师生共鸣,感情融洽。

(7)加强课堂纪律管理,注意运动中的安全与卫生。

(8)科学评价教学效果,根据科学的教学反馈确定下一步的教学方案。

(四)课后小结

　　课后小结是少数民族传统体育教学课的最终部分,这一部分起到承上启下的作用,主要工作是检查教案及其执行情况,总结经验和教训,为下次上课提供重要的参考。

第八章　少数民族传统体育竞技与产业传承与发展

随着现代竞技体育的不断发展,体育产业化的趋势日益明显。当前各项竞技体育运动的发展都步入了职业化发展阶段,创造了大量的产业价值,纵观全球,尤以足球、篮球、网球等运动的职业化最为明显。在这样的背景和形势下,少数民族传统体育也迎来了良好的发展契机,竞技化与产业化是促进少数民族传统体育快速发展的一个良好途径。竞技化和产业化发展,不仅能进一步推动我国少数民族传统体育的可持续发展,还能促进我国整个体育事业的多元化发展。本章主要以竞技化与产业化为视角对我国少数民族传统体育的发展做出深入探索与分析。

第一节　体育竞技与产业发展理论

一、竞技体育发展理论

(一)竞技体育

1. 竞技体育的概念

竞技体育,是指运动员以比赛竞争为基本手段,以满足人们审美享受及刺激等需要的社会实践活动。

2. 竞技体育的分类

(1)非正规竞技体育。

非正规竞技体育,是指运动者为达到娱乐休闲目的而进行的带有健身性和游戏性特点的身体活动。这些活动大都属于非正规的竞技体育活动,但也是在既定的规则下进行的,没有规则,这些活动就无法顺利开展。与正规的竞技体育运动相比,这一类活动组织比较松散,大多具有健身与娱乐的性质。参与者参加这类活动的目的并不是提高技术水平,而是休闲和娱乐。

(2)组织化竞技体育。

组织化的竞技体育一般都拥有正规的球队、团体和竞赛活动章程、规则等,各方面的组织与管理人员都比较完善,能很好地维护运动者的合法权益,通常会形成一个非常健全和完善的管理机制和体系。一般来说,组织化的竞技体育主要包括地区体育协会、职业俱乐部、大学体育运动队等竞技类体育组织。

组织化竞技体育在我国开展的时间较早,如体工队、体育运动专科学校以及学校高水平运动队等都属于这一类组织。这些组织都是社会高水平竞技体育的重要主体,对于我国体育事业的发展具有重要的意义。

在组织化竞技体育组织中,俱乐部成为重要的活动组织,社会上存在的各种俱乐部,如健身俱乐部、台球俱乐部、跆拳道俱乐部等能在很大程度上调动全社会办体育的积极性,对于我国全民健身的发展具有重要的推动作用。但需要注意的是,目前我国的俱乐部建设尚处于起步阶段,基础还很薄弱。中国足球超级联赛及中国篮球职业联赛是较为成功的例子,但也存在诸多不足,需要今后大力发展。

(3)商业化竞技体育。

商业竞技体育具有非正规竞技体育与组织化竞技体育的某些要素,商业化竞技体育俱乐部建立的目的主要是追求经济利益,其中蕴含着诸多的商业行为,其组织化特征非常明显,参与者被分割成对立的利益群体。

3.竞技体育的特点

(1)竞争性特点。

从字面上来看,竞技体育本身就具有竞技性的特点。竞技体育就是指在运动技艺比赛中比较双方技艺水平高低的一项活动。竞技体育一般都具有激烈的竞争性特点,一场比赛只能分出一个胜者。为了获得比赛的胜利,运动员需要付出艰苦的训练,不断提高自己的体能素质、心理能力和技战术水平,而在团队项目中,运动员还要建立和形成良好的团队合作的意识,这样才有可能获得比赛的胜利。

(2)规范性特点。

竞技体育对运动员的要求较高,要求运动员必须具备高超的技艺水平,这样才能获得比赛的胜利。运动员高超的技艺是通过大量的运动训练获得的,而在训练中,运动员必须要遵循训练的规范性,不论是体能还是技战术等方面,都要坚持规范化训练的原则。因此,规范性也是竞技体育发展的重要特征。

除此之外,竞技体育的规范性还主要表现在竞赛规则、竞赛章程、管理机制等方面,只有这几个方面的规范性得到了保障,才能保证竞技体育的健康发展。在竞技体育中,竞赛规则是保证竞技体育正常开展的法律性文件,只有规范的赛事规则才能保证整个竞技体育赛事活动顺利进行。

(3)极限性特点。

随着现代科技的快速发展,当前的竞技体育运动水平已进入一个高度发展的阶段,运动员要想获取比赛的胜利,需要从小参加专业的系统训练,只有这样才有可能形成和保持高超的竞技水平。运动员在比赛中所表现出的超人的体力和娴熟的技艺,是普通人难以达到的。竞技体育的发展推动了人体发展的极限,因此表现出明显的极限性特点。

(4)公平性特点。

公平性是竞技体育的重要特点之一,公平就是要做到合情合理、公正、公开,所有的参赛者都享有共同的权利。如果竞争不是在公平环境下进行的,那么竞技体育将会显得混乱而无法开展。

为保证竞技体育赛事竞争的公平性,组织者必须要制定严格和规范的竞赛制度和标准,其中包括比赛项目、比赛时间、比赛地点、参赛要求等,制定一个参加者共同遵守的行为规范,参与者在赛事举办期间必须要严格遵守。

(5)公开性特点。

随着竞技体育运动的不断发展,体育比赛的影响力越来越大,一些大型赛事,如奥运会、世界杯等在世界范围内都形成了巨大的影响力。与一般的社会活动相比,竞技体育表现出鲜明的公开性特点。不论是在运动器材、运动装备等的开发与运用上,还是运动训练手段的革新上,在当今社会发展背景下,在短时间内就会成为大家的共享,竞技体育的这一公开性特点也大大推动了自身的创新和发展。

竞赛结果是否公平在一定程度上取决于赛事的公开性。公开性是社会民主的主要标志,也是赛事健康发展的重要保证。竞技体育提倡的竞争,就是要求在高度公开的情况下保持高度民主的竞争。

(6)功利性特点。

任何竞技体育运动都有一定的功利特点。在当今商业化和经济化快速发展的今天,功利性成为竞技体育的重要特点之一。在这一特点的指挥下,竞技体育追求击败对手并获得最优的成绩,只有夺得优异的比赛成绩,才能获得一定的物质奖励和社会荣誉。

从某个层面来讲,一个国家或地区竞技体育的发展在一定程度上代表了这个国家或民族的发展水平,也成为判断一个国家政治制度优劣、经济实力强弱的重要因素,因此世界上各个国家都非常竞技体育运动的发展,想尽一切办法促进竞技体育水平的提升。

(7)观赏性特点。

竞技体育赛事活动少不了观众的参与,因此观众也成为竞技体育的一个重要部分。每逢重大赛事举办期间,观看和参与体育赛事的人非常多。竞技体育本身具有强烈的竞争性特点,这种竞争性特点给人们带来了极强的视觉冲击力,每逢赛事举办期间,观看体育比赛就成为了人们的重要生活方式。

(二)竞技体育发展理念

1."人文体育"理念

"人文体育"理念是竞技体育在现代社会所必须遵守的一个发展理念,要坚持坚持"人文体育"的发展理念,竞技体育才能获得健康、持续发展。

"人文体育"理念顺应了现代社会的发展规律,对促进我国体育事业乃至社会主义现代化建设都具有重要的作用。因此,我们要坚持"人文体育"的发展理念,坚持"以人为本",保证竞技体育的健康快速发展。

随着现代社会的不断发展,竞技体育对人的影响力越来越大,在人们的日常生活中扮演着越来越重要的角色。在"人文体育"理念的渗透下,人们逐渐认识到参与体育运动的重要性,认识到参加体育运动不仅能增强人的体质,还能提高生活质量和幸福满意度。另外,对于运动员而言,不仅要提高自己的运动水平,而且还要培养和提高自己的文化知识水平,促进自身综合素质的发展和提高。

总之,在竞技体育中提倡"人文体育"理念,能帮助运动员很好地发展自己,促进自身全面的发展。另外,坚持人文体育理念还能吸引大量的专家及学者对竞技体育进行研究,丰富体育理论研究成果。

2."享受体育"理念

发展到现在,竞技体育取得了突飞猛进式的发展,成为现代人类文明的重要标志之一。竞技体育给人们带来了诸多好处,通过竞技体育人们促进了自身的完善与发展。因此说,竞技体育是享受的,是美好的体育现象。在新的时代背景下,我们要坚持"享受体育"的发展理念,促进"享受体育"的发展。"享受体育"主要表现在:运动员享受参加比赛的过程;教练员享受指导比赛的过程;裁判员享受执法比赛进程;观赏者享受比赛过程等。

不论是哪一个角色,都能在参与体育赛事的过程中获得愉悦的心理享受。运动员能获得成功的喜悦,同时也能感受到失利的滋味;教练员在比赛中指导和鼓励运动员,能感受到自己的价值;观众观看比赛既能体会到支持球队胜利的喜悦,也能感受到失败的苦涩。这就是竞技体育给人们带来的不同的心理感受,我们要坚持"享受体育"的发展方向,推动体育文明的不断发展。

3."绿色奥运"理念

在2008年北京奥运会上,我国提出了"绿色奥运"的基本理念,这一理念对于推动奥林匹克运动的发展,推动体育事业在全球的发展都起到了重要的作用。奥林匹克运动属于竞技体育的重要组成部分,在发展的过程中应坚持和倡导"绿色奥运"的发展理念。

所谓"绿色奥运"是指在不对自然环境造成破坏的前提下,重视可再生资源的保护和利用;保护人类生存和赖以发展的自然环境;保护古建筑等文化不受破坏;倡导文明的生活方式等。倡导"绿色奥运"理念,能进一步丰富竞技体育的内涵。通过绿色科技和绿色技术的应用,能保持整个生态系统的平衡,促进体育与社会的和谐发展。

另外,在竞技体育中也存在一些阻碍其发展的现象,如假球黑哨、兴奋剂等,对此我们要找准深层次原因,其中一个最大的原因就在于对利益的追逐。一些赛事参与者为了获得利益不得不铤而走险,做出不利于奥林匹克运动发展的行为。因此,我们在今后宣传奥林匹克运动时,不要过分强调其商业化,而应建立一个公平公正的比赛环境,加强竞技体育与社会各方面的融合,促进整个社会的和谐发展。

(三)竞技体育发展道路

现代竞技体育之所以能获得如此快速的发展,成为一种备受世界瞩目的社会现象,其中一个重要的原因就在于它能为人们提供了一种其他任何社会活动都无法提供的体育产品。人们通过参与体育运动锻炼、参与体育赛事欣赏、消费体育产品等能获得一定的享受,通过体育消费,竞技体育事业也获得了持续不断的发展。从经济学角度来看,现代体育系统形成了体育服务的生产系统与体育服务消费系统的对立统一的结构(图8-1)。只有人们参与消费,才能推动生产,生产与消费之间是一对矛盾,相互促进与发展。以美国竞技体育发展为例,其体育产业依据市场发展的规律逐渐形成了体育产业发展的一种重要程式,这种程式是国家经济、政治、文化发展条件下的必然产物,是历经长期的发展而走出的道路。这对我国竞技体育的发展是一个很好的借鉴。与美国等欧美国家相比,中国竞技体育是在国家观念指导下"自上而下"的发展,虽然在社会主义市场经济体制下,近些年来我国竞技体育的发展机制有所转变,但与西方国家之间仍然存在着较大的差别。

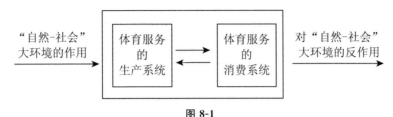

图 8-1

在竞技体育不断发展的过程中,体育经济活动过程中起主导因素的是竞技体育的产品提供者和观赏者,他们形成了货币交换的关系,成为双向功利联系的统一体。竞赛水平越高,观赏者观看赛事的意愿就越强烈,如世界杯期间,门票价格非常高昂,但仍旧一票难求,这充分说明了这一状况。通过观赏竞技体育赛事,人们能获得愉悦的心理享受,同时人们还能提高对各种体育竞技项目的欣赏水平,这是竞技体育发展的重要因素。如果失去观众,竞技体育产业就很难获得良好的发展。

二、体育产业发展理论

(一)体育产业的概念

体育产业的概念有广义和狭义之分,其中,广义的体育产业是指全社会提供体育产品的企业、组织、部门和活动的集合,主要包括体育服务业和体育相关产业两大领域;狭义的体育产业是指以体育劳务形式为消费者提供体育服务产品生产的企业、组织、部门和活动的集合。

总之,体育产业是伴随着现代社会经济不断发展而产生与发展的一种新的产业形态,是体育运动由原来的自给自足的模式向组织化、生产化、消费化和盈利化的产业运营模式转变的产物。随着现代社会及竞技体育的不断发展,体育产业化趋势越来越明显。

(二)体育产业的内容

体育产业的内涵非常丰富,其内容主要包括体育生产制造业、体育用品销售业、体育服务业等。总的来看,主要包括以下四个方面。

1. 体育本体产业

体育本体产业是指以体育自身特性为主要依据而进行生产、服务的部门,这一产业部门群是体育产业最为重要的内容,历来都受到重视。

2. 体育相关产业

体育相关产业是指以体育为资源和手段进行生产、服务的部门,如体育用品制造业、体育广播等都属于这一范畴,其也属于体育产业链的内容。

3. 体育延伸业

体育延伸业是指在体育产业周围形成的综合性的行业网络,如体育彩票、体育旅游、体育经纪等都属于这一范畴。在体育产业高度发展的今天,以上几类体育产业的发展非常迅速,成为体育产业水平较高国家的重要标志。

4. 体育边缘产业

体育边缘产业是指为了更好地发挥体育本体产业的效益,而提供的综合服务的部门,如体育赛事组织者为人们提供的饮食、住宿以及纪念品等都属于体育边缘产业的内容。体育产业中这一方面的发展也是不能忽视的。

(三)体育产业的分类

体育产业是指为社会提供各种体育产品(货物和服务)和体育相关产品的生产活动的集合。主要分类范围包括:体育管理活动、体育竞赛表演活动、体育健身休闲活动、体育场地和设施管理、体育经纪与代理、广告与会展、表演与设计服务、体育教育与培训、体育传媒与信息服务、其他体育服务、体育用品及相关产品制造、体育用品及相关产品销售、出租与贸易代理、体育场地设施建设等 11 个大类(表 8-1)。

表 8-1　体育产业统计分类

代码			类别名称	国民经济行业分类 代码及名称(2017)
大类	中类	小类		
01			体育管理活动	
	011	0110	体育社会事务管理活动	9224 社会事务管理机构
	012	0120	体育社会组织管理活动	9521 专业性团体 9522 行业性团体 9530 基金会

代码			类别名称	国民经济行业分类代码及名称(2017)
大类	中类	小类		
	013	0130	体育保障组织管理活动	8912 体育保障组织
02			体育竞赛表演活动	
	021	0210	职业体育竞赛表演活动	8911＊ 体育竞赛组织
	022	0220	非职业体育竞赛表演活动	8911＊ 体育竞赛组织
03			体育健身休闲活动	
	031	0310	运动休闲活动	5623 体育航空运动服务 8930 健身休闲活动
	032		群众体育活动	
		0321	民族民间体育活动	8840 文物及非物质文化遗产保护
		0322	其他群众体育活动	8870 群众文体活动 8919 其他体育组织
	033	0330	其他体育休闲活动	6422＊ 互联网游戏服务 9012＊ 电子游艺厅娱乐活动 9013＊ 网吧活动 9020＊ 游乐园
04			体育场地和设施管理	
	041	0410	体育场馆管理	8921 体育场馆管理
	042	0420	体育服务综合体管理	7222＊ 商业综合体管理服务
	043	0430	体育公园及其他体育场地设施管理	7850＊ 城市公园管理 8929 其他体育场地设施管理
05			体育经纪与代理、广告与会展、表演与设计服务	
	051		体育经纪与代理服务	
		0511	体育经纪人	9054 体育经纪人
		0512	体育保险经纪服务	6851＊ 保险经纪服务
		0513	体育中介代理服务	8991 体育中介代理服务
		0514	体育票务代理服务	7298＊ 票务代理服务
	052		体育广告与会展服务	

续表

代码			类别名称	国民经济行业分类 代码及名称(2017)
大类	中类	小类		
		0521	体育广告服务	7251＊互联网广告服务 7259＊其他广告服务
		0522	体育会展服务	7283体育会展服务
	053		体育表演与设计服务	
		0531	体育表演服务	9052体育表演服务
		0532	体育设计服务	7484＊工程设计活动 7491＊工业设计服务 7492＊专业设计服务
06			体育教育与培训	
	061	0610	学校体育教育活动	8321＊普通小学教育 8331＊普通初中教育 8332＊职业初中教育 8334＊普通高中教育 8336＊中等职业学校教育 8341＊普通高等教育
	062	0620	体育培训	8391＊职业技能培训 8392体校及体育培训 8399＊其他未列明教育
07			体育传媒与信息服务	
	071	0710	体育出版物出版服务	8621＊图书出版 8622＊报纸出版 8623＊期刊出版 8624＊音像制品出版 8625＊电子出版物出版 8626＊数字出版 8629＊其他出版业
	072	0720	体育影视及其他传媒服务	8060＊摄影扩印服务 8610＊新闻业 8710＊广播 8720＊电视 8730＊影视节目制作

续表

代码			类别名称	国民经济行业分类代码及名称（2017）
大类	中类	小类		
	073	0730	互联网体育服务	6422＊ 互联网游戏服务 6429＊ 互联网其他信息服务 6432＊ 互联网生活服务平台 6450＊ 互联网数据服务 6490＊ 其他互联网服务
	074	0740	体育咨询	7246 体育咨询
	075	0750	体育博物馆服务	8850＊ 博物馆
	076	0760	其他体育信息服务	6513＊ 应用软件开发 6571＊ 地理遥感信息服务 6572＊ 动漫、游戏数字内容服务 6579＊ 其他数字内容服务 7242＊ 市场调查
08			其他体育服务	
	081	0810	体育旅游服务	5531＊ 客运港口 6140 露营地服务 7221＊ 园区管理服务 7291＊ 旅行社及相关服务 7869＊ 其他游览景区管理
	082	0820	体育健康与运动康复服务	8053＊ 养生保健服务 8412＊ 中医医院 8414＊ 民族医院 8415＊ 专科医院
				8416＊ 疗养院 8522＊ 康复辅具适配服务 8992 体育健康服务
	083	0830	体育彩票服务	9041 体育彩票服务

续表

代码			类别名称	国民经济行业分类代码及名称（2017）
大类	中类	小类		
	084	0840	体育金融与资产管理服务	6720＊ 公开募集证券投资基金 6731＊ 创业投资基金 6732＊ 天使投资 6760＊ 资本投资服务 6814＊ 意外伤害保险 7212＊ 投资与资产管理 7213＊ 资源与产权交易服务
	085	0850	体育科技与知识产权服务	7320＊ 工程和技术研究和试验发展 7340＊ 医学研究和试验发展 7350＊ 社会人文科学研究 7520＊ 知识产权服务
	086	0860	其他未列明体育服务	7481＊ 工程管理服务 7482＊ 工程监理服务 8211＊ 建筑物清洁服务 8219＊ 其他清洁服务 8999 其他未列明体育
09			体育用品及相关产品制造	
	091		体育用品及器材制造	
		0911	球类制造	2441 球类制造
		0912	冰雪器材装备及配件制造	2442＊ 专项运动器材及配件制造
		0913	其他体育专项运动器材及配件制造	2442＊ 专项运动器材及配件制造
		0914	健身器材制造	2443 健身器材制造
		0915	运动防护用具制造	2444 运动防护用具制造
		0916	特殊体育器械及配件制造	3329＊ 其他金属工具制造 3399＊ 其他未列明金属制品制造
		0917	其他体育用品制造	2449 其他体育用品制造
	092		运动车船及航空运动器材制造	

续表

代码			类别名称	国民经济行业分类 代码及名称(2017)
大类	中类	小类		
		0921	运动汽车、摩托车制造	3630＊ 改装汽车制造 3751＊ 摩托车整车制造
		0922	运动船艇制造	3733＊ 娱乐船和运动船制造
		0923	航空运动器材制造	3749＊ 其他航空航天器制造
	093		体育用相关材料制造	
		0931	运动地面用材料制造	2034＊ 木地板制造 2916 运动场地用塑胶制造 2928＊ 人造草坪制造
		0932	体育用新材料制造	2651＊ 初级形态塑料及合成树脂制造 2652＊ 合成橡胶制造 2653＊ 合成纤维单(聚合)体制造 2659＊ 其他合成材料制造 2829＊ 其他合成纤维制造 3061＊ 玻璃纤维及制品制造 3062＊ 玻璃纤维增强塑料制品制造 3240＊ 有色金属合金制造
	094		体育相关用品和设备制造	
		0941	运动服装制造	1811 运动机织服装制造 1821 运动休闲针织服装制造
		0942	运动鞋帽制造	1830＊ 服饰制造 1951＊ 纺织面料鞋制造 1952＊ 皮鞋制造 1953＊ 塑料鞋制造 1954＊ 橡胶鞋制造
		0943	体育场馆用设备制造	2140＊ 塑料家具制造 3873＊ 舞台及场地用灯制造 3934＊ 专业音响设备制造 3939＊ 应用电视设备及其他广播电视设备制造 4028＊ 电子测量仪器制造 4030＊ 钟表与计时仪器制造

续表

代码			类别名称	国民经济行业分类 代码及名称（2017）
大类	中类	小类		
		0944	体育智能与可穿戴装备制造	3961 * 可穿戴智能设备制造 3963 * 智能无人飞行器制造 3969 * 其他智能消费设备制造
		0945	运动饮料与运动营养品生产	1491 * 营养食品制造 1529 * 茶饮料及其他饮料制造
		0946	体育游艺娱乐用品设备制造	2319 * 包装装潢及其他印刷 2451 * 电玩具制造 2452 * 塑胶玩具制造 2453 * 金属玩具制造 2454 * 弹射玩具制造 2459 * 其他玩具制造 2462 游艺用品及室内游艺器材制造
		0947	运动休闲车制造	3660 * 汽车车身、挂车制造 3761 * 自行车制造 3780 * 非公路休闲车及零配件制造
		0948	运动康复训练和恢复按摩器材制造	3586 * 康复辅具制造 3856 * 家用美容、保健护理电器具制造
		0949	户外运动器材及其他体育相关用品制造	1782 * 绳、索、缆制造 1784 * 篷、帆布制造 3389 * 其他金属制日用品制造 3587 * 眼镜制造 3792 * 水下救捞装备制造
10			体育用品及相关产品销售、出租与贸易代理	
	101		体育及相关产品销售	
		1011	体育用品及器材销售	5142 体育用品及器材批发 5242 体育用品及器材零售

续表

代码			类别名称	国民经济行业分类 代码及名称(2017)
大类	中类	小类		
		1012	运动服装销售	5132＊　服装批发 5232＊　服装零售
		1013	运动鞋帽销售	5133＊　鞋帽批发 5233＊　鞋帽零售
		1014	运动饮料与运动营养品销售	5126＊　营养和保健品批发 5127＊　酒、饮料及茶叶批发 5225＊　营养和保健品零售 5226＊　酒、饮料及茶叶零售
		1015	体育出版物销售	5143＊　图书批发 5144＊　报刊批发 5145＊　音像制品、电子和数字出版物批发 5243＊　图书、报刊零售 5244＊　音像制品、电子和数字出版物零售
		1016	体育游艺等其他体育用品及相关产品销售	5149＊　其他文化用品批发 5238＊　自行车等代步设备零售 5249＊　其他文化用品零售
		1017	体育用品及相关产品综合销售	5211＊　百货零售 5212＊　超级市场零售
		1018	体育用品及相关产品互联网销售	5193＊　互联网批发 5292＊　互联网零售
	102	1020	体育用品设备出租	7122 体育用品设备出租
	103	1030	体育用品及相关产品贸易代理	5181＊　贸易代理 5189＊　其他贸易经纪与代理
11			体育场地设施建设	
	111		体育场馆建筑和装饰装修	

续表

代码			类别名称	国民经济行业分类代码及名称(2017)
大类	中类	小类		
		1111	体育场馆及设施建筑	4720 体育场馆建筑 4813 * 市政道路工程建筑
		1112	体育场馆装饰装修	5011 * 公共建筑装饰和装修
	112		体育场地设施工程施工和安装	
		1121	足球场地设施工程施工	4892 * 体育场地设施工程施工
		1122	冰雪场地设施工程施工	4892 * 体育场地设施工程施工
		1123	其他体育场地设施工程施工	4892 * 体育场地设施工程施工
		1124	体育场地设施安装	4991 体育场地设施安装

注:来源于国家统计局网站。在国民经济行业分类中,一个行业分类仅部分活动属于一个体育产业类别的,行业代码用"＊"做标记。

(四)体育产业的发展

1. 体育产业发展的模式

(1)体育产业发展模式的概念。

在管理心理学领域,模式的定义为:"一个人在思想、心理、思维方式等方面比较趋于定型化,并且外显的习惯性行为方式。"在经济学领域中,人们将"集群性发展模式"定义为众多企业由于特定的地理、资源和文化历史条件在同一区域或相关区域内围绕某一产品或产业,彼此联系、分工协作、产品互补集聚发展的方式;杨铁黎在《职业篮球市场论》一书中,将"模式"定义为某事物的标准形式或模型。它具有理论性和稳定性的特征(既反映某种思想或理论;又经长期的实验和理论验证形成某事物相对稳定的结构)。

综上所述,结合体育产业的发展,我们将体育产业发展模式定义为:某区域体育产业发展方式、体育产业资源构成形态以及区内时序演进路径和体育产业部门间的联动机制所形成的特定结构。

(2)体育产业发展模式的构成。

体育产业发展模式的构成主要包括:发展方式的选择、"集化区"的选择、发展时序的选择以及体育产业的区域主导行业的选择等几个方面(图8-2)。

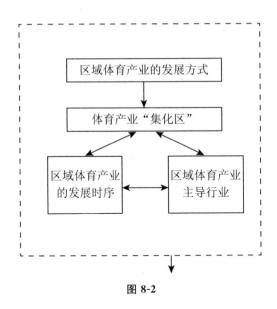

图 8-2

2.体育产业发展的保障机制

(1)体育产业发展的动力机制。

动力机制是一个工作系统的重要组成部分,它是指推动工作和事业前进发展的重要因素。对于体育产业来说,推动体育产业发展的动力主要来源于改革的动力、科技的进步,以及组织和管理的创新等。要想推动我国体育产业发展,必须要将以上几种动力因素集中起来,形成一个统一的整体。

(2)体育产业发展与法制建设。

法制建设可以为体育产业的发展提供制度保障,从而促使其科学、健康的发展。法制建设对体育产业发展的作用主要表现在以下几个方面。

1)可以保障体育产业经营主体的自主性。

良好的法制制度能保障体育产业经营主体的自主性。这就要求必须建立一个完善的企业法人制度,使参与体育产业化进程和各合法主体摆脱作为政府部门附属物的境地,制定完善、合理的体育产业法规,赋予体育产业主体应有的权利,保障企业经营管理主体的自主权。这样才能充分发挥体育产业经营主体的能动性,促进体育产业更好的发展。

2)可以保障体育经营活动的契约性。

体育经营活动少不了商品交换,因此,为了保证商品交换活动的顺利开展,就必须要以合同的形式作保障。在体育领域内,职业运动员同俱乐部、经纪人与代理客户、提供赞助的企业与接受赞助的企业等都要签订一定的契约或合同,来保证双方各自的利益。

3)为体育产业经营主体营造公平的竞争环境。

在市场经济下,竞争异常激烈,只有通过竞争才能实现资源的合理配置。为了为体育产业经营主体营造一个公平竞争的环境,有关部门必须要制定和出台一系列有关的法律法规来限定行政部门的权限,保障各投资主体应享有平等的权利,监督各经营主体义务的履行。只有这样,才能充分调动体育经营主体参与体育产业活动的积极性,从而推动体育产业的发展。

4)促进体育事业发展与国际接轨。

自从我国加入世贸组织后,我国各项事业就面临着巨大的机遇和挑战。在体育领域方面,主要表现为以下几方面。

第一,国外各类体育企业的大量涌入,对我国的民族体育企业产生了强烈的冲击。

第二,国内体育企业的竞争力相对较弱,面临着巨大的困难与挑战。

第三,我国各地区体育产业发展不平衡,彼此间的差距较大。

因此,在此形势下,要想促进我国体育产业的发展,就必须要与国际接轨,以国际成熟经验为参考,制定与国际接轨的体育法律法规,从而为我国体育产业的发展提供必要的制度保障。

(五)民族传统体育产业

1. 民族传统体育产业的概念

民族传统体育产业是指生产和提供各种民族传统体育产品和体育服务的各行业总称。民族传统体育服务业和民族传统体育相关产业都属于民族体育产业的范畴。

2. 我国民族传统体育产业的结构

随着现代社会经济的不断发展,民族传统体育产业市场也不断扩大,人们对民族传统体育的消费需求也呈现不断增长的趋势。为了推动少数民族传统体育产业的发展,需要结合我国的国情加强少数民族传统体育产业结构的优化,向广大的消费者提供各种优质服务。一般来说,少数民族传统体育产业的结构如图 8-3 所示。

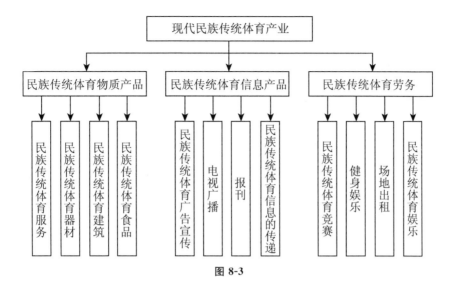

图 8-3

3. 民族传统体育产业的经营模式

　　在市场营销学中存在着一个重要的营销理论,那就是"五种经营观"理论(图 8-4)。在现代社会中,企业的营销与管理都要以"五种经营观"中的市场营销观念为基本指导思想,在这一观念的指导下进行企业的经营与管理,这种经营理念不仅要求考虑消费者的需要,还要考虑产业发展的长远利益。因此,在少数民族传统体育产业发展的过程中,也要遵循这一发展理念和模式。

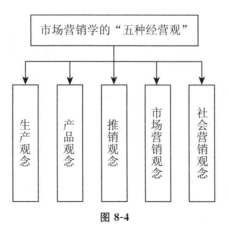

图 8-4

　　参考体育产业经营管理的理念与模式,可以构建出少数民族传统体育产业结构经营模式,如图 8-5 所示。

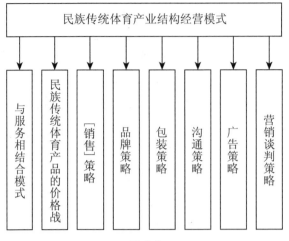

图 8-5

与竞技体育产业相比,我国的少数民族传统体育产业处于非常弱势的地位,不论各个方面,都难以与竞技体育产业的发展相比。但在当前社会发展背景下,任何事物的发展都是非常迅速的,少数民族传统体育也拥有广阔的发展空间和潜力,通过借鉴与参考西方国家竞技体育的发展模式,相信我国少数民族传统体育产业必将拥有一个美好的未来。

第二节　少数民族传统体育的竞技传承与发展

一、少数民族传统体育竞技化的必要性

(一)竞技性是国际化提出的要求

在全球化背景下,各个民族都在主动建设与弘扬自身的文化。采取多种途径将民族项目推向奥运会,尽最大努力申办奥运会、在申办奥运会的各个环节向世界展示各项精彩内容等,都在弘扬与建设该文化活动的范畴内。在中华民族传统文化的长期作用下,少数民族传统体育并不强调运动的竞技性,而是将人格培养摆在至关重要的位置上,追求和谐、统一的审美价值。为促进少数民族传统体育的发展,我们应该紧跟时代的发展形势,不断拓展发展的空间,为应对竞技体育的冲击,以竞技为主导,不断加快少数民族传统体育的竞技化发展速度,担负起民族传统体育发展的历史责

任,这才是少数民族传统体育发展的重要途径。

(二)重视少数民族传统体育的竞技性

竞技性是竞技体育最为重要的一个特点,在竞技体育中充满了各种竞争。自然界中充满了竞争,人类社会也同样如此,只有竞争才能推动人与社会的不断发展。在竞技体育中,竞争是最为重要的特性。除此之外,规则性也是竞技体育的一个重要特性,竞争规则保证体育赛事正常进行的重要条件。对于少数民族传统体育而言,尽管其竞争性和竞技性没有竞技体育那么的强烈,但其技击性也是历来就存在的。同时,要想保证相关赛事活动的顺利开展,也少不了必要的规则。

(三)竞技化是少数民族传统体育现代化发展的趋势

1. 少数民族传统体育的现代化

少数民族传统体育的现代化,是其实现可持续发展的重要阶段,这一阶段要持续非常长的时间。在这一段时间里,民族传统体育将会以多种形态存在,并获得持续不不断的发展。在经济较为发达的地区,民族传统体育的发展情况较为乐观,成为人们重要的健身娱乐手段,成为人们重要的健身方式之一;有一些项目可以经过改造与推广,与竞技体育相结合,激发人们参与的兴趣,实现相关功能的转变,这就构成了民族传统体育的高级的现代化形态。这对于我国少数民族传统体育的可持续发展,具有非常重要的意义。

面对我国社会转型、奥林匹克运动扩张、全球化速度持续加快的大环境,少数民族传统体育的现代化发展应以科学发展观为指导,自觉将我国体育文化精髓与其他国家先进体育文化精髓充分融合,在发展过程中,贯彻落实创新思想,进而表现出多种状态并存的多元化发展格局。但是,每一位国民都应当为实现民族传统体育现代化的传承和发展贡献力量,严禁出现求大求快、过于功利化的现象。在民族传统体育的发展过程中,我们应当把继承自身优良文化设定为基础,自觉学习和借鉴其他国家的先进体育文化,在维持少数民族传统体育最初的文化特色的前提下,坚定不移地实施自我批判和自我革新,同时进一步增大改造力度,逐步构建拥有中国特色的少数民族传统体育发展道路。

2. 少数民族传统体育现代化发展趋势

各个地区、各个民族以及各个国家的文化,都是世界文化的公共构成部分。在多元化世界文化的长期影响下,对各国体育文化的保护、传承以及发展提出了很多新要求。然而,一种文化在特定历史阶段,有可能具备全球性的时代价值,但不是说必须固定不变。以竞技化为主导的西方体育,在很多方面都反映出了相互竞争的形势,而少数民族传统体育则反映出了很多与众不同的特性。在西方体育的巨大冲击下,在侧重于现代竞技体育的世界体育中,少数民族传统体育踏上竞技化道路,就是为了正视中西方体育文化的不同与矛盾,逐步达到相互推动、相互融合的目标,是中西方体育文化共同繁荣的现代化发展手段。

关于少数民族传统体育的发展情况,有很多学者曾经做过一定的调查与研究。

学者胡小明指出,少数民族传统体育要想走上现代化的发展道路,就必须先要做好充分的前期理论准备;然后政府要加强资金投入力度、着眼于各个方面的建设;最后民族传统体育要密切关注奥运会的发展情况,提高自身的竞技性。

余水清指出,在民族传统体育项目朝着国际化、现代化方向发展过程中,有助于民族传统体育项目持续发展的优势是其拥有别具一格的民族文化特色;在现代化发展过程中,一定要加强内容与形式的创新;市场化是作用于少数民族传统体育发展的一把双刃剑;学校教育能够拓展少数民族传统体育的生存空间。

二、少数民族传统体育竞技化传承与发展的现状

(一)少数民族传统体育竞技化发展滞后

全国少数民族传统体育运动会是我国一个以竞技项目占主导的最大规模的民族传统体育综合运动会,运动会中的绝大部分项目均是在游戏、游艺等基础上加以竞技化改造形成的。虽然这是全国性运动会,但观众数量较少(除了以文艺表演为主的开幕式和闭幕式之外),各省以及各市的运动会也存在这种问题。进一步分析发现,一些运动项目因为未能反映出竞技化、激烈化等特征,整场比赛所需时间过长,比赛场上的观众基本忽略不计。这些情况都说明少数民族传统体育项目的竞技化改造还有待继续深入,这已经对少数民族传统体育的发展进程产生了很大的消极影响。这些情况让我们必须正视少数民族传统体育的竞技化发展,要解放思想、大胆实施竞技化创新才是解决当前困境的有效措施。

（二）少数民族传统体育竞技化发展失衡

经济发展和文化发展等不光会对现代体育的发展状况产生影响，也会对少数民族传统体育的竞技化发展产生影响。我国地大物博，不同地区的经济、文化等方面的发展状况往往存在很大不同，各方面的差异必然会造成少数民族传统体育竞技发展的失衡。全面分析全国民运会的参赛状况能够发现，当前我国很多地区为了促进少数民族传统体育项目的发展，通常都会选择投入资本少、运动员人数不多的项目，一些技术含量高、短时期内难以获得预期回报的项目不被重视，如抢花炮、珍珠球等就是如此。这种少数民族传统体育项目开展失衡的现象是普遍存在的，需要我国政府部门及专家学者加强民族传统体育竞技化发展的研究，促进各方面的完善与发展。

三、国内外民族传统体育竞技化的成功范例

（一）国外民族传统体育竞技化的成功范例

日本柔道、韩国跆拳道是东方民族传统体育文化的精华。在嫁接、改良中国民族传统武术，充分吸收西方体育搏击与拳击等运动精华，在长期进行柔道与跆拳道学习、训练、比赛等的基础上，这两个项目最终被列入奥运会比赛项目。这两个民族传统体育项目成功进入奥运会，不单单是因为其充分彰显了民族特性，也是因为其充分彰显了世界特性，达到了奥林匹克运动文化准则提出的相关要求，牢牢掌握了现代体育竞技性的特征。以日本发明的"30人31条腿竞赛"为例，该竞赛获得了世界各国的认可与喜爱，五大洲均有国家派队参赛，我国也接受邀请。这项竞赛使世界各国人民深入领会了日本民族竞技体育的独特魅力，也增强了国际交流。

（二）我国少数民族传统体育竞技化的成功范例

以高脚竞速项目为例，这一项目最初是土家族人重要的代步工具之一。经过湖南吉首大学体育学院的师生们长期研究之后，这一项目被改造成为侧重于竞速的民族竞技项目，并向全国进行推广，逐渐成为深受人们欢迎的一项运动项目。经过一段时间的发展，高脚竞速成为全国民运会的重要项目，走上了快速发展的道路。

不管是日本柔道与韩国跆拳道，还是像我国高脚竞速这样的少数民族传统体育项目，它们的竞技化发展都是势不可挡的，竞技化的成功发展证

实了少数民族传统体育竞技化的可行性与发展潜力。

四、推动我国少数民族传统体育竞技化传承与发展的对策

(一)对竞技体育的认异与认同

我国少数民族传统体育有着悠久的历史,历经长期的发展,逐渐形成了独特而鲜明的特色,要想促进其可持续发展,就需要将其置入当今社会背景下进行研究,要以包容的眼光看待少数民族传统体育的发展。我们应立足于世界的视角去认识西方竞技体育的发展,肯定其发展成就,并借鉴其对我国少数民族传统体育有益的成分,结合我国少数民族传统体育的特色进行发展。我国少数民族传统体育不缺发展的养分,但在现代社会背景下,管理理念有所欠缺,少数民族传统体育文化的传播存在问题。因此,在充分融入中国哲学思想的同时,还要自觉学习和借鉴"外来"养分,充分融合中西思想有助于更加有效地整理、发掘、弘扬我国少数民族传统体育文化。

在现代社会背景下,少数民族传统体育只有博采众长、适应社会的发展需求,才能使处于全球化时代下的国民重新审视我国的民族体育,才能让西方国家对我国民族传统体育的文化内涵产生认同。真正做到认异和认同之后,少数民族传统体育才能充分适应时代的发展需求。

(二)加强理论与实践的创新

少数民族传统体育的竞技化就是要树立创新理念,革新训练手段与方法,建立科学的管理机制,充分调动一切方面的力量,实现少数民族传统体育的创新发展。少数民族传统体育竞技化发展过程中,不仅要重视理论体系的建立,还要遵循理论与实践结合的基本原则。

受传统历史观念的影响,少数民族传统体育在现代化发展过程中,难免会遇到一定的阻碍,因此我们要善于打破旧观念、旧思想,树立科学的思想观念,加强其组织管理、竞赛制度等方面的建设,并创建一个积极向上的研究与创新氛围。除此之外,我们还可以尝试利用多元化的手段与方法加快我国少数民族传统体育竞技化发展。

(三)构建民族体育竞技化发展模式

当前,世界上竞技体育的潮流是把规则性、趣味性、健身性定位成普及

的理念,想要成为高手或攀登世界高峰,就一定要在遵循现代竞技体育运动发展规律的基础上,进行坚持不懈地训练。为此,我国民族传统体育在兼顾项目竞技化的同时,应当把中国文化因素充分融合起来,对自身文化的内涵加以凝练,把健身性原则和趣味性原则都考虑在内,对广大群众产生巨大的吸引力,高质量完成普及工作是项目发展的重要基础。在对我国民族传统体育竞技化模式加以改造时,一定要怀着科学的态度进行审视,全面汲取世界先进文化的元素,取其精华去其糟粕。认真学习和借鉴现代体育开展模式,对当前我国少数民族传统体育体系的优化和细化以及对少数民族传统体育项目资源深入挖掘、试点推广及其传承和发展具有积极作用。

少数民族传统体育迈上竞技化发展道路的同时,一定要充分兼顾可持续发展的理念,坚定不移地朝多元化方向发展。通过一种可以获得人们认可的形式被广大群众接受,进而产生文化上的"认同"。为此,我国的民族传统体育在走竞技化发展道路的同时,应延续它的竞技性与民族传统体育的生活化和市场化发展模式相结合。民族传统体育竞技以别具一格的民族艺术、审美观、民族情感,及意蕴深厚的健身观、古朴自然的娱乐性悄然走进人们的生活;此外,体育产业作为第三产业已经在我国发展并壮大起来,少数民族传统体育的竞技项目也有本身的资源,其蕴藏着强大的经济价值潜力。因此,着眼于发展群众体育,顺应跨世纪的社会需求,使民族传统体育真正地融入群众,融入市场,推动我国少数民族传统体育朝更好的方向发展。

（四）在全国民运会竞赛项目选拔中引入竞争机制

经过多年的发展,全国民运会已经成为我国少数民族传统体育发展的重要平台。但是近些年来,全国民运会的竞赛项目只增加了板鞋竞速等个别项目,缺少一定的改革与创新。一些项目一旦进入全国民运会,很多部门就会不管不问,任由其肆意发展,这种发展态势是不容乐观的。针对这种情况,全国民运会的竞赛项目有必要通过公开层层选拔的方式"择优录用",优先录用那些形式创新和内容成熟的项目中,废除"终身制",设法把"淘汰制"和"晋升制"充分融合在一起,构建激励机制,保留好的项目,针对不理想的项目应当"下放"至原地方做进一步改造和创新。优胜劣汰的生存法则是民运会可持续发展的保障。

（五）科学建立少数民族传统体育竞技化评价指标体系

在少数民族传统体育竞技化发展中,构建竞技化评价指标体系是核心内容。竞技化研究是利用指标评价体系判定现阶段的状态,同时联系当前的发展走向,科学制定发展目标及策略,全方位检测、衡量以及评价我国少数民族传统体育竞技化的发展情况和实现程度。

在建立评价指标体系之前,一定要先进行全面调查与研究。本研究认为,建立者至少要将趣味性、观赏性以及规则的科学性纳入其中。详细来说,如果不存在趣味性,则将难以激励广大群众积极参与,满足人们在运动过程中的精神需求更是无从谈起。在广大群众的心理活动倾向中,趣味性能够产生鼓舞、干预、指导运动的能动作用。在趣味性强、参与人才多的情况下,才能更加直接、更加有力量地推动民族传统体育竞技化发展。观赏性是指立足于另外一个侧面证明广大群众的心理需求。观赏性是广大群众心理需求的表现形式,是参与者把自身优良的精神产品与物质产品呈现给观众的动力,该动力会激励人们坚持不懈地探究它,以更加自觉的态度投入并创造性完成这项运动。规则的科学性,能保证少数民族传统体育积极、健康的发展方向,科学的目标能够有效弘扬积极进取、顽强拼搏的民族精神。

第三节　少数民族传统体育的产业传承与发展

在新的时代背景下,我国少数民族传统体育面临着新的挑战和机遇,作为少数民族传统体育的工作者要充分认清当前民族传统体育发展的形势,努力做好少数民族传统体育的产业传承与发展工作。

一、我国少数民族传统体育产业化传承与发展的机遇

(一)少数民族传统体育具有多元功能

随着人们认识水平的不断提升,人们逐渐对少数民族传统体育的特征、价值等有了更清晰的认识。民族传统体育与各种社会现象之间,存在着非常复杂的关系。少数民族传统体育可以说是我国的国粹和精髓,其蕴含着健身、教育、娱乐等各方面的价值,同时还具有强大的凝聚功能,对振奋民族精神、增强民族凝聚力等具有非常重要的作用,如舞龙、舞狮、拔河等都是我国几经流传下来的优秀的民族传统体育运动。人们通过参与这些活动,不仅有利于促进民族传统文化的传承,还有利于各个民族的团结与社会的稳定发展。由此可见,少数民族传统体育具有多种多样的功能。

（二）社会呼唤少数民族传统体育

一个国家国民体质水平如何将对居民生活幸福感以及社会经济的发展产生非常重要的影响。因此,在平时的生活、学习和工作中,组织与开展少数民族传统体育活动,吸引更多的人参与其中,这对于少数民族传统体育的产业化发展非常重要。但需要注意的是,随着现代社会的发展和进步,人们很少有机会参与体力劳动,久而久之人们的体质健康水平就会不断下降,再加上环境的恶化,不良生活方式的影响等,出现了各种"现代疾病",这严重影响着人们的身体健康发展。

而少数民族传统体育活动具有"修身自养"的特点,同时又是一类身心兼练的活动,具有良好的健身与保健功能,对于增强体质和防治疾病等具有重要的意义,人们参与其中能够获得祛病健身、延年益寿的效果。因此,人们的成长与发展,社会的和谐与稳定都需要少数民族传统体育的参与。

（三）少数民族传统体育产业化发展空间广阔

当前,社会经济水平日益提高,人们的生活观念也发生了不断的变化,消费结构不断升级,享受型消费成为当今社会的新趋势。在这样的发展背景下,民族传统体育的产业化发展迎来了良好的机遇。人们在经济水平提高的情况下,具备了参与体育消费的经济实力,而当今余暇时间的充足,又为人们参与体育消费提供了重要的基础保障。在人们收入不断增加的情况下,其对健康和生活都提出了更高的追求,而少数民族传统体育消费能在一定程度上满足人们的健康需求,能极大地提高人们的生活质量。当前,花钱买健康,为健康投资成为社会的潮流,而少数民族传统体育则为人们提供了这样一种途径,参与民族传统体育运动及消费,能极大地带动民族传统体育产业的发展。

二、少数民族传统体育产业化传承与发展中遇到的问题

在当前体育产业化不断发展的背景下,少数民族传统体育的产业化成为一种必然的趋势。我国少数民族传统体育有着悠久的历史,历经长期的发展,初步建立了深厚的群众基础,在当今健康消费的大背景下,民族传统体育产业化成为重要的发展趋势。民族传统体育产业化不仅能带动当地社会经济的发展,并且它还属于一种绿色产业,不会对环境造成污染和破坏。当然,我国少数民族传统体育还处于发展的初级阶段,还存在诸多问题需要解决。

（一）发展地位不够

当前我国的体育产业化发展还处于一个初级阶段，产业化程度并不高，像职业化程度相对较高的中超联赛和CBA（中国职业篮球联赛）等也存在着大量的问题。国家和政府对这些项目给予了高度重视，而对于少数民族传统体育项目则重视程度不够，不论是政策保障还是资金支持等方面与其他竞技体育项目相比都存在着较大的差距。

（二）发展资金不足

与竞技体育项目相比，少数民族传统体育项目处于一个弱势地位，其发展与市场还未彻底接轨，对政府的依赖性较大。人们对少数民族传统体育的价值、内涵等认识程度不够，并没有将其看作是一种重要的经济资源。另外，少数民族传统体育资源大多分布在经济不发达地区，这些地区可能会存在着大量的闲置资源，没有很好地吸引社会资本投资，发展资金严重不足。这对于少数民族传统体育产业的发展是非常不利的。

（三）法律法规不够完善

当前我国少数民族传统体育产业还处于一个初级阶段，不仅需要经济方面的支持，而且还需要法律制度的保障。当前我国少数民族传统体育产业管理比较混乱，存在着各种问题。一方面，各部门管理权限不明确，存在着越权管理的现象；另一方面政府汇集、统计和发布的产业信息严重不足，并且处于无序的状态。因此，为促进我国少数民族传统体育的发展，我国应加大这两方面的研究力度，建立和健全相关的法律法规体系，为我国少数民族传统体育产业化发展保驾护航。

（四）产业发展不均衡

我国地大物博，各区域经济发展水平差距较大。受此影响，少数民族传统体育也存在明显的区域发展不平衡现象。这种不平衡主要表现在地域间的不平衡和项目间的不平衡两个方面，如山东潍坊风筝几经演变，逐渐形成了当今选材讲究、造型优美、绘画艳丽等特色，与京式风筝、津式风筝等存在着明显的风格差别。与东部地区相比，西部地区经济发展水平较为落后，民族传统体育产业的发展水平也因此处于一个相对落后的局面。所以说，各地区少数民族传统体育产业存在着发展不均衡的现象。

（五）品牌意识有待加强

要想推动我国少数民族传统体育产业的快速发展，就必须要结合市场经济发展的背景走市场化道路，加强品牌意识，努力创建具有社会影响力的品牌，也就是说走品牌发展战略。在当前市场经济条件下，要通过各种营销策略，在人群中形成品牌，然而，我们现阶段在发展少数民族传统体育的过程中，对品牌的关注度普遍不够，消费者心中的品牌联想及认同感还不强，这对于少数民族传统体育的市场开发及产业化发展造成了负面影响。

（六）经营管理人才匮乏

当前制约我国体育产业发展的一个重要因素，就是缺乏高素质的体育产业人才，而在少数民族传统体育领域就更是如此。少数民族传统体育具有广泛的群众基础，但与之相关的专业人才却不多。人才在体育产业发展的过程中扮演着至关重要的角色，因此要想促进我国少数民族传统体育的产业化发展，努力挖掘与培养民族传统体育产业的高级人才。这些人才必须要具备全面的知识与能力，如产业经营管理知识与能力，民族传统体育知识与技能等，并且还要十分熟悉当前体育产业市场的发展态势与前景。总之，要想促进少数民族传统体育产业的进一步发展，就必须要加强产业人才的挖掘与培养，这是一条必经之路。

三、少数民族传统体育产业化传承与发展的基本原则

（一）自然资源与人文资源相结合的原则

少数民族传统体育历史悠久，内容非常丰富，蕴藏着鲜明的文化特色，与生态环境的结合，造就了少数民族传统体育独特的原生态特色，人们参与其中通常都能得到愉悦的心理享受。因此，在少数民族传统体育产业发展的过程中，应注重将民族传统文化资源和自然风光资源的结合，采取各种手段与措施不断挖掘与开发少数民族传统体育产业资源。

（二）多样化与统筹性相结合的原则

在少数民族传统体育产业化发展过程中，需要不断加强少数民族传统体育项目的开发力度。在开发的过程中，要发挥其资源的多样性优势，发展多种传统体育项目，并且在开发过程中要注重相应的产品和服务的差异

化。在多样化发展的同时,应注重结合民族风俗特点、区域特征等方面,统筹民族地区的整体资源优势,从而更好地推进规模化战略效应,进行统筹性考虑,整体开发和安排,避免资源浪费。

(三)经济性与保护性相结合的原则

在加强少数民族传统体育产业发展的过程中,既要注重其产业经济效益,又不能破坏生态环境和民族文化,要采取各种手段和措施保护少数民族传统体育文化的特色优势,不断提高少数民族传统体育产业的文化要素,走出一条特色化的可持续发展道路。总之,少数民族传统体育的产业化发展就要注重经济效益与生态效益的协调发展,不能忽略了任何一个方面。

(四)体验性与观赏性相结合的原则

在现代社会发展背景下,人们越来越注重参与的体验性,只有参与其中,人们才能感受和体验事物的独特魅力。因此,在少数民族传统体育项目开发过程中,要注重人们的参与性和体验性,创编的少数民族传统体育项目要能体现运动的乐趣,能极大地吸引人们参与的热情。受竞技体育与休闲体育的冲击,当前参与少数民族传统体育的人不是很多,这对于少数民族传统体育的普及与推广是非常不利的。因此,坚持体验性与观赏性的原则对少数民族传统体育进行改造势在必行。

四、推动我国少数民族体育产业化传承与发展的策略

(一)坚持市场导向作用

我国少数民族传统体育内容非常丰富,形式多样,蕴含着深厚的内涵,对于社会的发展具有重要的价值和意义。在现代市场经济条件下,加强少数民族传统体育的产业化发展,不论是对于少数民族传统体育本身,还是整个社会经济的发展都具有深远的影响和意义。为促进少数民族传统体育的产业化发展,首先要坚持少数民族传统体育项目的市场化。要求体育工作者结合我国具体国情改造、开发和创新少数民族传统体育,在保持民族特色的基础上,推动少数民族传统体育与市场的结合,满足人们日益发展和增长的体育运动需求。

在全民健身理念日益深入的今天,我国少数民族传统体育产业发展迎来了一个良好的契机。为推动少数民族传统体育的市场化发展,我们需要

加强体育场馆的建设,为少数民族体育的发展提供良好的基础保障,推动少数民族传统体育的健康发展。因此,在少数民族传统体育的发展过程中,我们要始终坚持以市场为导向,走市场化发展的道路,加强民族传统体育与现代市场经济的融合,实现产业化发展目标。

(二)坚持政府的主导地位

1. 政府给予经济扶持

少数民族传统体育产业的发展,需要建设大量的场馆和基础设施,因此就需要大量的资金,这部分资金主要由政府资助,当然也可以吸引社会投资。政府在少数民族传统体育产业发展的过程中担负着重要的职责,在资金方面应给予大力扶持。需要注意的是,政府投资并非唯一的途径,产业经营者还要积极寻求其他方面的投资,从而为少数民族传统体育的发展提供充足的资金保障。

2. 加强政府的宏观调控,对民族项目进行大力开发

据调查,近些年来我国少数民族传统体育旅游产业的发展势头不错,取得了一定的成效。为促进其更好的发展,我国政府部门必须要制定一个科学的发展规划或创新发展模式,不断推动少数民族传统体育核心产业的发展,如健身娱乐业、竞赛表演业等的发展。在发展的过程中,要不断挖掘与创新少数民族体育项目内容,创新出具有鲜明特色的民族传统体育项目,激发人们参与消费的积极性。

3. 制定相应的政策保障

少数民族传统体育产业要想获得持续健康的发展,除了需要政府给予必要的资金支持外,还离不开法律、法规的支持与保障。经过多年来的发展,我国的法律保护意识逐渐增强。《中华人民共和国体育法》就有关于民族传统体育发展的相关政策。体育法中明确规定,国家鼓励、支持民族传统体育项目的发掘、整理和提高。但需要注意的是,我国法律制度体系还很不健全,一些政策和制度难以得到有效的贯彻与执行,成为一纸空谈。这非常不利于少数民族传统体育产业的健康发展。

(三)努力营造良好的文化氛围

在新的时代背景下,我们应树立以文化为基础的发展理念,努力提升我国少数民族传统体育的文化软实力,让更多的人认同中华民族传统体育

文化。在促进民族传统体育文化发展的过程中,要想尽一切办法挖掘民族优秀传统文化的精髓,营造良好的民族传统体育文化氛围,始终坚持以国家制定的有关提升文化软实力的政策为依托,走少数民族传统体育的产业化发展之路。

少数民族传统体育产业与民族文化氛围的营造是分不开的,二者互为影响,共同发展和进步。近些年来我国体育事业获得了突飞猛进的发展,少数民族传统体育作为其中的重要组成部分也受益匪浅。影响少数民族传统体育产业发展的要素有很多,其中文化就是一个非常重要的要素。因此,在将来的发展中,我们必须要坚持文化发展的基本原则,营造良好的文化氛围,借助这一氛围来发展我国少数民族传统体育产业。只有如此,人们才能更进一步了解少数民族传统体育文化,认清少数民族传统体育的价值,进而推动少数民族传统体育产业的发展。

（四）建立少数民族传统体育俱乐部

当今,竞技体育获得了高度的发展,随之而来的,是大量的职业体育俱乐部的建立,这成为现代体育运动发展的一个重要标志。一般来说,职业体育俱乐部的活动范围非常广大,涉及社会各个层面,如产品经营、广告运营、冠名权管理、门票经营管理、电视转播经营管理等。这些对于可见体育产业的发展对其他相关行业的发展有一定的带动作用。我们可以借鉴其他体育俱乐部的成功经验来开展少数民族传统体育俱乐部,使少数民族传统体育能够走进学校、社区,深入人民生活,并更好地为人民大众服务。同时,在经营与管理民族传统体育俱乐部的过程中,应充分运用市场经济的运行机制和企业管理方法,从而实现少数民族传统体育产业化的跨越式发展。

（五）构建少数民族传统体育产业的信息化平台

在当今信息化社会,体育产业能否获得健康快速的发展,还要看其是否建立了一个信息化发展的平台并获得与时俱进的发展。对于少数民族传统体育而言也是如此。这就要求相关的工作者要结合当前具体实际建立一个网上信息化服务平台,将相关的少数民族传统体育比赛、活动、产业合作等信息上传到网站中,为人们提供各种信息服务,从而为促进少数民族传统体育产业的发展提供重要的信息保障。

（六）培养专门的体育人才

人才在事物发展的过程中扮演着十分重要的角色,可以说,人才在一定程度上,决定了我国少数民族传统体育产业发展的前景。因此,大力挖掘民族传统体育专业人才,提高人才培养的质量,是推动我国少数民族传统体育发展的重要工作。

要实现我国少数民族传统体育的产业化发展,加强民族传统体育教育,拓宽民族传统体育专业的培养口径,加强少数民族传统体育产业人才培养,是一个非常重要的手段和途径。如此不仅能拓展毕业生的就业面,还能进一步促进社会经济的发展。

作为高校而言,在培养民族传统体育产业人才的过程中,需要着重注意以下几点。

1. 科学构建人才培养模式,提高人才培养质量

高校在发展少数民族传统体育的过程中,要加强少数民族传统体育相关课程的建设;加强基础设施与场馆的管理。在具体的教学过程中,可聘请相关专家担任授课教师。在教学方法上,善于采用创新的教学手段,发散学生的思维,培养学生的实践能力,帮助学生掌握民族传统体育知识,提高民族传统体育相关技能。同时,体育教师还要传授学生基本的民族传统体育产业知识,向学生传授市场经济规律方面的知识,让学生认清民族传统体育发展的态势和前景。

2. 充分利用学校资源,增加学习实践环节

大量的实践表明,少数民族传统体育产业的发展,有助于拉动社会经济,促进就业率的提升和产业结构优化。高校开设社会体育专业、实施体育教育的同时,要为学生毕业之后的工作问题做打算,这就要求在日常体育教育中,充分利用校园的民族传统体育资源,使学生在掌握少数民族传统体育知识和技能的同时,能够参与少数民族传统体育活动的组织与策划。高校也可以适当开展少数民族传统体育经营活动,鼓励学生参加组织与策划工作。在教师的指导下,由学生自主建立校园少数民族传统体育组织,自主举办少数民族传统体育经营活动。少数民族传统体育经营活动举办的效果将会直接影响校园民族传统体育组织的生存,学生为了取得良好的活动效果,必定会全身心地投入其中,在这一过程中学生的社会实践能力也能得到锻炼。

3. 注重培养复合型体育管理人才

培养民族传统体育产业人才,需要拓宽培养渠道,不断完善体育产业人才培养体系。在我国少数民族传统体育产业的市场化运作中,相关的经

营管理人才严重缺乏,为了推动企业发展,突出少数民族传统体育产业的市场效益,我们应树立"大教育、大培训"的观念,积极构建与完善少数民族传统体育产业人才教育培养体系,在体育院校中,建立少数民族传统体育相关学科,或在体育院校中开设金融、财经、法律等相关专业课,并采取多种方式(如进修、课题组研究、访问学者等)来加大民族传统体育产业人才继续教育力度,注重培养懂法律、善经营与管理且精通民族传统体育专业人才。同时将高层次学历教育重视起来,积极培育复合型人才。

4.加强社会实践指导

高校中体育院系的学生一般都只是在学校学习一些理论知识和技能,很少参加相关的社会实践活动。对此,高校要加强就业指导,引导民族传统体育专业的学生尽可能到经营民族传统体育产品的有关企业中去实习,使学生在实践中了解民族传统体育产业,感受少数民族传统体育产业,使其为毕业后的就业积累一定的实践经验。在实习过程中,还要注意培养学生创业意识和创业能力。此外,高校也可以采取请进来和走出去的策略,请进来具体是指邀请相关成功人士来校举办讲座,使毕业生近距离与优秀人士进行接触;走出去指的是组织师生到著名的企业中参观访问,使学生深入了解民族传统体育产业。

(七)加强对外合作

加强少数民族传统体育产业的对外合作,不但能够使更多的人认可少数民族传统文化,而且还能够为少数民族传统体育产业的发展注入新鲜的血液和无限的生机。少数民族传统体育产业的推广需要以本土的民族文化为依托,而且少数民族传统体育本身具有保守性,这就导致其产业化发展带有局限性。在多元化的新时代,要想使少数民族传统体育产业得到持续、健康的发展,就必须在保持少数民族传统体育自身特点的基础上,加强对外学习与交流,使少数民族传统体育更具时代性,更能够与新时代的发展要求与特色相适应。

第九章　少数民族传统体育国际传承与发展

我国少数民族传统体育是中华民族文化软实力的重要体现,是我国与世界交流与沟通的重要肢体语言和文化使者,在促进人民身心健康、建立和巩固国际友谊,及弘扬我国民族优秀文化方面,发挥着非常重要的作用。因此应进一步加强对少数民族传统体育国际化传承与发展的研究,通过国际化交流、传播来努力提高我国的文化软实力。本章主要就少数民族传统体育国际传承与发展,展开研究,以促进我国少数民族传统体育文化的国际传播、传承及发展。

第一节　体育全球化发展展望

一、体育全球化的内涵

(一)体育全球化是体育发展的必然趋势

全球化是社会发展进步的表现,在全球化背景下,各国之间在经济、信息、文化等各方面的交流逐渐加强。体育作为一种文化现象,也呈现出了全球化的发展特点。

体育是一种特殊的社会文化,其随着社会其他要素的发展而不断发展,从而实现一个国家、地区和全世界范围内的体育文化的相互碰撞、交流、理解、融合,并展现出和而不同的状态,这正是体育文化不断传播与发展的表现,尤其是体育作为一个以身体为主要表现形式的文化,不同的地区、国家、民族之间的体育文化理解,可以充分打破语言隔阂与界限,通过身体活动更加容易理解和接受。

(二)体育全球化是对各种体育文化形式的整合

体育全球化的过程,可以简单理解为世界范围内各种体育文化形式的整合过程。

在全球经济、文化发展的背景下,一个国家、地区和民族的体育文化,作为一种重要的文化存在形式会随着经济与文化的传播被其他国家、地区和民族知晓、认可。通过不同国家、地区、民族的体育文化中的相似、相通之处,实现各种体育文化形式的整合,即不同的体育文化逐渐融入同一个文化体系。

应该认识到,"体育全球化"和"体育本土化、民族化"是既相互对立,又相互统一、相辅相成。各民族的体育文化在世界体育文化的整合过程中,其文化外在表现形式、结构呈现出与世界主流体育文化的趋同的现象,但其民族体育文化的本质并没有变,各种不同的体育文化的整合发展,最终实现体育世界化和民族化的统一。

体育文化在世界范围内的传播与发展,各民族体育文化和谐交融,这对于全世界不同国家、地区与民族文化的流畅沟通、共同发展具有十分重要的意义。尤其是在竞技体育文化的公平、公开、公正的环境中,体育运动及其文化得以广泛传播,给其他类型文化的传播以启示,为国际间文化的交流、融合作出重要榜样。

(二)体育全球化各民族体育文化发展的多样性

在体育全球化这种单一化的主流进程中,体育并非是趋同性的发展,而是呈现出多样化和民族化的发展趋势,这是由各地区民族文化的多样性所决定的。

二、体育全球化发展的基本态势

(一)竞技体育占据主导地位

竞技体育以挑战人类的极限为主要运动参与目标,重视人类自身潜能的挖掘与发展,这也正是人类社会不断进化历程中非常重要的一个因素。

在体育全球化发展背景中,以西方竞技体育运动为主要代表,西方竞技体育文化在世界体育文化中占据主导地位。

竞技体育作为一种重要的被全球认可的体育文化,在促进国际体育文化交流和增进国际关系方面发挥着非常重要的作用,具体原因如下。

(1)竞技体育促进各国家和民族的文化交流。

(2)竞技体育是世界经济角逐的战场。

(3)竞技体育可以推动科技的进步。

(4)竞技体育,尤其是大的体育盛会,还会成为国家之间的政治博弈。

　　竞技体育在世界政治文化发展中发挥着非常重要的作用,在世界范围内,一个国家的竞技体育发展水平也往往可以彰显该国家的国际地位,同时,大型竞技体育盛会的举办,更可以彰显一个国家的国际政治和文化形象,这也正是各个国家和地区争相申请举办奥运会、世界杯、世锦赛等大型竞技赛事的重要原因。

　　此外,竞技体育中运动员的精神与国家意志,也会深深地影响每一个特爱体育和关注体育运动的人、团体、国家、民族,尤其是在运动员的颁奖环节,更加会激起各体育代表团的民族情绪和国家意志,一些国家从改善国际形象和提升国际地位的高度考虑,也会为发展本国的竞技体育而出台新政策,不断促进本国的竞技体育的发展,以谋求“体育大国”的地位。

　　（二）体育健身观念深入人心

　　随着人民生活水平的不断提高,大众健身意识和健身观念也在发生着重大的变化。

　　健康一直是人类共同追求的目标,20世纪70年代以后,国外发达国家的经济平稳、发展快速,民众的闲余时间大大增多。同时,由于工业化和现代化的快速发展,民众的劳动强度和劳动时间大大下降,再加上营养过剩和运动不足等原因,引发了全世界范围内的人类健康讨论。

　　体育健康对于整个社会发展、国家的发展和国民体质健康水平发展,都具有重要作用。近年来,在国家健身战略的实施和一系列健身政策的推广下,越来越多的社会大众开始认识到体育健身对人们身体健康的重要影响。此外,大众传播媒介对于人的价值观念的影响具有重要的导向作用,尤其是主流大众传播媒介的体育价值观念的传播,会潜移默化地影响受众参与体育的态度和行为。在整个社会都重视体育发展的背景下,越来越多的人开始主动投入到体育健身运动锻炼中去,体育健身观念已经深入人心。

　　现代社会,人们已经逐渐认识到,延长人寿命的意义是最大限度地延长最有活力的时期,这使得人们更加注重身心的健康,如此就促进了健身和娱乐体育的发展,同时也使体育更加生活化、社会化、娱乐化、终身化。

　　体育健身的功能与价值是多方面的,不仅能够促进运动者的个人生理健康与心理健康发展,还能促进个人的社会性发展。具体来说,健身活动也是人际交流的重要时机。我们都知道,人是社会的人,交流、结友是人的本性。尤其对于离退休人员,提供这种条件就显得更加重要,因为体育是重要的交往手段或形式。在我国健身路径的设计上,也充分体现了体育锻炼的社交功能,在社区体育健身设施的规划方面,“太空漫步机”“健骑器”

等器材的设计与摆放总是联体装配,使锻炼者在锻炼的同时,享受交流和结友的乐趣。

社会大众的健身观念的转变,不仅体现在对疾病的预防上,还表现在对健康生活方式的追求上,不仅加强了大众的自我保健,还使得社会大众的健身保健运动得到了迅速发展。自我保健组成的主要内容包括相互影响的合理营养、有规律适当的体育活动和锻炼以及戒除不良嗜好等。

当前,社会大众从事健身运动的热情日渐高涨,并呈现出蓬勃发展的趋势。健身运动正在成为不同年龄、不同性别、不同职业的人的日常生活的重要内容。

(三)健身娱乐运动迅速发展

从全球重视人类健康的程度来讲,二战以后,各国都将重点放在经济发展上,民众生活水平不断提升,世界体育发展过程中出现了质的变化,整个社会已对体育的功能、价值等方面形成了全新的认识,体育健身娱乐成为人们参与体育的首要目的。

现阶段,随着全世界范围内的政治、竞技、科技、文化的不断发展与进步,现代社会已经进入休闲社会,尤其是发达国家的社会大众对生活质量有较高的要求,体育健身也正在逐渐成为社会大众提高生活质量、享受幸福生活的重要活动方式与内容。

在体育全球化发展背景下,各个国家开始关注大众健康,关注本国的社会体育发展。在各国家的体育政策的有效推动下,世界范围内的体育健身、体育休闲运动发展态势良好,具体表现在以下几个方面。

(1)社会大众对体育健康的概念,有了更加深入、全面的认知,更多的人开始认识到健康是一种多维健康,而不是传统观念中的"身体不得病"。

(2)越来越多的人愿意进行体育消费,为自身的身体健康进行投资。更多的社会大众开始逐渐认识到,对健康的投资是必要的,相比治疗疾病,更看重体质的改进以及对疾病的预防,因为疾病预防比治疗更少花费。

(3)越来越多的人开始注重养生与保健康复,相较于药物治疗,体育运动锻炼更加安全有效,而且副作用小。

(4)体育运动参与是一种可以提升个人生活质量和生活幸福感的休闲、健身、娱乐活动,现在体育运动健身已经成为越来越多人的日常生活,不可缺少的一部分内容了。

(四)促进其他文化的发展

体育全球化发展不仅可以促进全球范围内的各个国家、地区和民族的体育文化的发展,也能促进其他文化形态的发展。体育作为社会文化中非常重要的一个文化形态,其与音乐、绘画、雕塑、建筑等其他文化形态具有非常密切的联系。

体育文化形态与其他文化形态的联系,以及对其他文化形态的促进具体举例分析如下。

体育与音乐之间的密切关系毋庸置疑,几乎每一个重大赛事都会有自己的主题曲,还有很多流行音乐被用于大众健身的配乐,还有一些体育运动项目,其本身就包括了音乐元素构成,如艺术体操、健美操、花样游泳、体育舞蹈等,音乐是体育运动项目的重要组成部分。从体育运动发展至今,以表现体育运动为主题的音乐也数不胜数,音乐可以充分表现体育文化的内涵与情感。

自古以来,体育与绘画就有着不解之缘,人们对早期体育产生与发展史的了解,更多时候是通过考古中发现的绘画分析知晓的,如壁画、器皿上的画。在任何一个时期,都不乏有表现体育活动的绘画作品,表现当时当地的人们参与体育的场景,以及竞技、健康、向上的精神和态度。

体育与雕塑艺术也有非常密切的关系。古希腊就有很多以体育为主题的雕塑。在竞技运动中,运动员的运动美、精神美等方面给予人们艺术创作的灵感。因此,体育运动员经常成为艺术创作的原型,雕塑家罗丹,就是以运动员健美的身体为模特,创造出了著名的"运动员"铜塑。

体育与建筑文化也有非常密切的关系,有很多体育场馆建筑、场地设计都成为建筑界的典型代表,使体育文化与建筑文化有机融合在一起。可以说,体育运动促进了建筑艺术的发展,如我国的"鸟巢"和"水立方",以及国外的"伦敦碗"、古罗马竞技场,就是建筑史上的经典之作。奥运会运动场馆对体育建筑不断提出更新更严格的标准,促使新型现代空间结构的出现。

（五）产业化发展成为潮流

从现代经济产业结构发展来看,第三产业在经济产业结构中占据的比例越大,则说明该国家和地区的经济产业结构越合理。体育产业是一种绿色产业,世界范围内,体育产业作为一种重要的"无烟工业"和"朝阳产业",在推动国民经济发展方面发挥了非常重要的作用,成为许多国家与地区的经济发展支柱。

现阶段,体育产业化发展已经成为潮流,其主要表现在以下几个方面。

（1）体育资源商品化。

（2）体育探险磨炼心志。

(3)体育旅游积极度假。

(4)体育服装新型时尚。

(5)健身器材进入万家。

(6)健康投资人人入股。

世界范围内,作为21世纪的"朝阳产业",体育产业随着世界经济发展和人们生活水平提高,发展潜力广阔。

三、体育全球化发展的趋势

(一)东西方体育文化的交融

体育文化在世界经济一体化背景下得到了良好的发展。通过国际间体育运动交流的不断加强,在奥林匹克运动和联合国教科文组织、世界体育组织的共同努力之下,东方和西方的体育文化在相互交流下,互相学习,相互融合。

不同体育文化之间在价值观念、思维方式等方面存在着异同,分析如下。

就不同之处来看,西方竞技体育文化强调对个人运动极限的挑战,在运动目标上追求"更高""更快""更强",其是一种张扬的、追求个人自由与极限的文化。相比之下,东方体育文化更加注重"养生""保健",在体育运动参与的过程中,强调"天人合一""人与自然和谐发展",究其原因,中国传统体育文化长期受中国传统哲学、儒家思想的影响,表现出"韬光养晦""中庸"的智慧为人处事之道,以及人与自然和谐共生的智慧。

就相同之处来看,在东西方体育文化之间,和平、公正是二者的基本点,促进人的完善和发展是二者的特征,塑造理想人格是二者的理想。当前,代表着西方体育文化的奥林匹克运动中出现的商业化和职业化与奥林匹克理想的冲突、兴奋剂的滥用、决策中民主化的不足、规模过大、重胜负、轻参与等,都可以在西方体育文化过度追求"个人解放与自由""利己""自我表现"的思想中找到根源。西方竞技体育发展中的这些问题,是西方体育文化本身无法解决的,因此,就必然要从其他的文化形态中汲取有益的成分加以补充。深受儒、道、佛文化浸润的中国传统体育文化中所表现出的公正、诚实、仁爱、友善等观念,正好可以对奥林匹克运动中出现的一系列问题找到根本上的、体育精神上的解决方法。

东西方体育文化的交融发展是东西方文化发展的需要和必然趋势,主要分析如下。

　　一方面,西方竞技体育文化是随着经济社会的不断发展而发展起来的,它是英国、美国等西方国家文化发展的产物。西方国家早期生产资料有限,并不具有发展农业的自然条件,因此,西方国家从航海开始寻求更广阔的生存与发展空间,通过殖民扩张获得生产资料,他们的文化与思想是扩张的,是张扬的,因此,西方体育文化呈现出竞技化、普遍化和个性化的发展趋势,这是与现代经济活动和生产活动相适应的。在西方竞技体育文化的发展过程中,随着西方文化的向外输出,也接触到世界各地的文化,包括体育文化,西方竞技体育文化也受到了一定的影响。我国传统体育文化也对西方体育文化产生了重要影响。例如,我国的养生观念、伦理道德观念等也逐渐融入到了西方体育文化中。在这种相互影响过程中,东西方体育文化也表现出趋同化的特点。

　　另一方面,在我国古代,受自给自足的自然经济的深刻影响,东方体育文化呈现出相对独立和隔绝的状态;我国注重伦理道德教化,这一点在传统体育文化中也有鲜明的体现。自给自足的社会文化,使得我国先民们"安土重迁",在生产发展中能与自然和谐相处、与自己和谐相处。近代以来,我国的闭关锁国和西方列强以武力敲开我国的大门,使得我国的社会文化发生了变化,西方竞技体育对我国传统体育造成了猛烈的冲击。新时期,我国社会经济与以往发生了翻天覆地的变化,我们有强烈的"文化自信",同时又能以开放的姿态了解、认识、接纳西方竞技体育文化,尤其是随着我国改革开放的深化进行,东西方文化逐渐实现了交流和融合。包容性是我国民族文化的鲜明特质,在漫长的发展历史中,我国各民族文化融合在一起,从而形成了博大的中华文明。在现阶段,东方体育文化也能认同和吸收西方体育文化中先进的部分。例如,西方的足球、游泳和田径等运动走进我国体育教学的课堂;我国传统武术运动,结合西方的竞赛方式,从而形成了独具特色的散手竞技;西方体育文化注重竞争、公平、公正、平等等思想,也成为我国体育文化的重要方面。

　　在西方体育文化的影响下,我国传统体育项目发生了深刻变化。例如,我国传统气功养生功法逐渐开始注重科学理论依据。在现代体育文化的影响下,我国传统体育运动积极创新,取得了良好的发展。

　　文化是人类生产和生活中创造的,随着人们生产生活的进行,社会文化也处在不断的发展和变化之中。一种优秀的体育文化能将其他不同的体育文化整合进来,进而形成新的体育文化的体系。一个国家或民族的体育文化整合能力越强,其吸收其他体育文化有益成分的能力就越强,这是一个良性循环。因此,各国的文化并不是完全封闭的,世界文化也是处在不断发展和趋同过程之中的。文化之间没有优劣之分,在长期发展中"你中有我，我中有你"，因此，应客观、公正地看待各国体育文化。

（二）多元功能的交融与分殊

体育具有多元价值功能，这是众所周知的，在体育全球化发展背景与趋势下，体育的功能与价值将会更加丰富与充实。在体育的未来发展过程中，体育的不同价值将会更加凸显，同时，各个价值与功能会有机结合在一起，使得体育的不同价值能够相互融合，最大限度地发挥体育的价值，且体育的每一个价值与功能相比以往也将更加明显，影响更加深刻与广泛。

1. 健身、娱乐、交往、养生功能的融合

就全世界范围来看，当前社会已经进入休闲时代，各国人们在学习工作之余更加关注生活质量的提高，而体育休闲是一种健康的休闲方式，在人民的生活中占据着非常重要的地位，并与人民日常生活的联系日益紧密。

随着现代化社会的不断发展，工业与科技的进步将人从生产劳动中大大解放出来，现代文明极大地改变了人民的生产生活，给社会大众的日常生活与生产带来了丰富的物质产品，也导致了人类生产的异化。同时，在享受现代文明的基础上，由于饮食不合理和运动不足，很多现代"文明病"也极大地困扰着人们的健康；发达的信息技术使人的生活数字化，人的肉体和精神分离了，导致了生理和心理的不协调；互联网信息技术的发展使得各种休闲娱乐信息每天呈现出爆炸式的增长，但与此同时，人们的精神世界却变得日益空虚。在这一系列变化中，人们追求身心和谐和自我实现的倾向越来越显著，更多的人开始渴望回归自然，希望能通过参与体育健身锻炼来获得和实现最简单、最原始的快乐和交往需求。

体育的健身、娱乐、交往、养生等多元功能为人的自由和解放这一总的目标所统摄。例如，几个商人在高尔夫球场里进行体育活动，是一种集体性的健身行为，同时也是一种交往行为，这正是当下所留流行的"请人吃饭不如请人出汗"，能同时满足强身健体、与人交往、娱乐身心、商业谈判等多个目的。以体育运动休闲作为日常健身行为、休闲娱乐行为、社会交往行为的人越来越多，全面的异化和数字化统治使人们迫切需求身心的全面释放与自由。

2. 竞技与健身分流

社会分工越来越细，很多人为了谋生而进行体育表演和竞赛，这已经发展成为一种职业。

体育的发展也随着社会的不断发展,而进行了更加细化的区分与专业化发展。

就体育竞技来说,竞技体育正朝着高、精、尖的方向发展,一方面,竞技体育极大地提升了人类的潜能;另一方面,竞技体育能提高对广大观众的吸引力。现阶段,竞技体育的专业性、职业化程度越来越高,每一项竞技体育赛事,都是一场精彩绝伦的挑战人类潜能和极限的运动盛宴。在竞技体育职业的驱动力之下,参与竞技体育就必须要付出艰辛的努力,要成为专业性的运动员,要成为具有个人良好职业素养的运动员,只有经过专门的选材、投资、科学和艰苦训练等一系列的过程,才能跻身于职业体育行业。

与竞技体育不同,健身体育适用于男女老少,可以满足不同性别、年龄、职业、经济收入、教育水平等各个人群的强体、健身、娱乐、休闲、康复、保健、养生等需求。大众健身体育没有高难度、严格的技术动作要求,不同的人可以充分结合自身的特点与健身需求来进行健身。在参与体育竞技的过程中,越来越多的人将追求生命的质量和个人的自由作为目的,参与或简单、或复杂的运动,投身或激烈、或轻柔的活动中。大众健身体育的参与性是非常强的,不仅能使更多的人参与其中,还能引来众多的旁观者,使他们更加关注自己的健康。当前,在我国全民健身背景下,将有更多的人投入大众健身运动之中。

(三)体育运作方式的多样化

体育作为一种特殊的社会文化,与社会其他要素之间有着非常密切的联系,在社会诸多要素的影响下,体育艺术、体育休闲、体育娱乐、体育旅游、体育产业等的运作和发展方式也发生着非常明显的变化,而且在整个社会不断变化发展的社会经济、文化环境中,体育的不同运作方式可能是综合的。随着社会的日益发展,在社会分工日益细化和社会各方面联系日益紧密的情况下,体育及其文化发展也在向着多样化、综合化的方向发展。

1. 体育艺术化与文艺日渐交融

正如前面所提到的,体育与艺术之间具有非常密切的关系。随着体育运动的发展,其也呈现出一定的艺术化倾向。很多体育运动项目与各种艺术形式相结合,从而形成了独特的体育运动,不同的体育运动参与和观赏在增强人的体质的同时,也给人以美的享受。例如,体育舞蹈、花样游泳、花样滑冰、健美操等,它们不仅与舞蹈艺术相结合,还融合了音乐艺术,在从事相应的体育运动时,能够给人以美的享受。

此外,体育文化还能给其他多种文化的表现和发展以艺术的启发。例如,现代西方艺术的未来主义运动的特征虽不是为了表现体育运动,但从现代竞技运动中得到启发,绘画艺术、雕塑艺术、诗歌文学艺术中都有描绘和再现体育形象、体育精神的作品。

2. 体育运动与科技逐步融合

第二次世界大战以后,科技发展成为世界竞技运动发展的一大显著标志。科学技术对体育的推动作用十分明显。回顾现代体育发展历史,科技的进步与发展,已经成为体育文化发展的重要驱动力。具体表现如下。

(1)科技的进步极大地促进了体育物质文化的发展。科技进步促进运动训练的科学化,科技发展为体育器材设备的改造和训练方法手段的更新提供了帮助,促进运动技术以及器材、装备的发展以及奥运场馆建设的发展,大大提高了运动员的成绩。

(2)科技进步加强了全球化的进程,也使文化传播和融合的速度加快,在很大程度上,促进了体育文化交融。这些都为体育文化的发展起到了很好的促进作用。

(3)科技的发展还带来了一些以机械能力来展现人的竞技能力的竞技运动。这使体育竞技的发展上升到了一个新的阶段。例如,飞机、各种赛车、摩托车,甚至滑翔伞、滑水等运动项目就是借助了机械的能力。对于这些体育运动而言,主要运动能力的评价指标就是速度和技巧,而运动员驾驭和控制机械的精细感觉成为最重要的能力指标。科技推动了运动标准和运动体验的更新。

3. 绿色体育休闲与环境的日益和谐

随着社会生活节奏的不断加快,人们需要承受的生理和心理压力越来越大。在这样的社会条件下,人们为了缓解神经紧张和疲劳,获得或增强某种生理机能,追求一种精神享受和超自然的感觉,开始积极参与休闲体育或健康体育运动。

参与体育运动,尤其是户外体育运动,如攀岩、野营、登山、漂流等,能让人从"水泥丛林"中逃离出来,享受与自然和谐共处的乐趣,使得长久被压抑的身心得到放松。通过绿色体育休闲,人们在寻求征服对手和自然界的刺激中,会使人们精神上或心理的压力得到一定的缓解,从而获得快感和心理满足。

无论是竞技体育还是健身体育,体育与自然环境之间都有着密切的联系,良好的自然环境是一切文化发展的基础。环境是影响人类社会发展的重要因素,随着人类社会的不断发展,人们赖以生存的自然环境不断恶化。

一方面可说这是人类发展所必经的道路,发展毕竟需要消耗资源、占用土地,而另一方面,当人们开始意识到环境破坏及其治理的重要性后,便开始极力保护环境。同样依托自然环境的竞技体育也需要在人与自然和谐的基础上进行,竞技体育活动,尤其是大型竞技体育竞赛活动,如奥运会、世界杯等需要建场地、吸引和接待来自世界各地的运动员、教练员、工作人员、游客,可能产生土壤污染、光污染、噪音污染、空气污染等各种问题。因此,历届的奥运会都提倡举办"绿色奥运",提倡要保护生态环境。在大众健身体育发展方面,近年来,世界各国广泛开展的休闲体育或健康体育包括这一系列回归大自然的户外运动,将人与绿色的自然融为一体,人们在拥抱美丽的大自然的同时获得精神享受,也就更加能体会到环境保护的重要性。绿色体育休闲符合社会与自然的和谐发展,符合体育未来环保发展趋势,在以后,体育与自然的和谐发展将会是体育未来的重要发展方向。

(四)体育实施空间的拓展

1. 城乡体育文化

物质文明和科学技术的高度发展,为体育文化活动的开展提供了良好的发展机遇。表现如下。

(1)现代社会文明的发展过程中,人们对生活物质与精神环境有了更高的要求,现代城市文明也非常重视文明环境的建设。在体育发展方面,很多城市为积极推动社会大众的体育运动参与,都非常重视大众现代化城市体育场馆的建设、城市健身路径的建设,为人民的体育运动提供了良好的空间。

(2)现代人的生活节奏快,社会压力大,人与人之间的交流越来越少,而体育运动健身不仅能为个体提供一个健康的生活方式,还能促进相同体育运动爱好者之间的交流,体育健身活动中的交际没有性别、年龄、语言、收入等差异,不同的人都可以通过同一种体育运动参与来增进彼此之间的情感,包括亲子关系、亲友关系、人际关系等,体育为人们追求生活的多样化和生活空间的扩展——从家庭、亲属之间交往更加广阔。

(3)文化教育事业繁荣是现代文明的基础,现代水平的文化系统不能缺少体育文化,它担负着城市精神风貌展示和文化积累、发展和传播的功能。

(4)体育发展与经济之间存在一定的联系。一般来说,经济发达的地区,体育文化发展水平就高,经济欠发达地区,体育文化发展水平就低。相较于大中城市,乡镇和农村的体育文化生活并没有那么丰富。但是近年来,随着我国全民健身的广泛、深入、持续开展,农村居民生活水平的不断提高,闲暇时间增多,乡镇人民和农民的各种观念也随之更新,体育健身与体育参与观念也在发生着变化,城乡交流带来的城市体育文化的渗透与感染,推动了农村体育的发展,促进了城乡文化的互通、共融。在体育文化方面,城市的篮球、体育舞蹈、高尔夫向乡镇农村发展,乡镇与农村的地方特色体育文化、民族体育文化向大中城市传播,城乡的体育文化发展空间得到了拓展。

2. 民族体育文化与世界体育文化

民族体育文化与世界体育文化之间是对立统一、相互融合、相互促进的关系。

在文化全球化发展的今天,对于一些传统文化来说,会产生或多、或少的负面影响。但从相关的研究中可以看出,传统文化以其旺盛的生命力,不仅不会受到西方文化的同化,相反会对西方文化的有用成分进行积极的吸收,从而使自身得到更健康的发展。

就我国民族体育文化与当前占据世界体育文化主流的西方体育文化来说,二者尽管在时空、民俗、宗教、文化等方面存在许多差异,体育文化内容与形式上有所不同,但是,我国民族体育文化与西方体育文化在本质特征和内在价值上具有趋同性质,可以实现两种不同体育文化的共存,并相互借鉴彼此的体育文化中的优秀成分来完善自身的发展。

当前,在人类社会的发展和交流过程中,世界体育文化逐渐吸收和纳入各种体育文化,从而形成了具有普遍性的文化体系。在体育全球化背景下,世界多元体育文化求同存异、共同发展。

四、体育全球化对民族传统体育的影响

(一)积极影响

1. 促进世界多元体育文化共融

世界体育文化具有多样性,不同的体育文化均具有其顽强的生命力,在现代体育文化全球化发展背景下有其进步意义,而凡是进步的符合时代和社会发展潮流的文化都不会被淘汰。

世界范围内,多个国家、地区、民族共存,也就必然使得多元化的体育文化共存。

每一种体育文化都有其发展的社会、文化基础,不同的民族体育文化与人们的现实生活结合得越来越紧密,深刻、复杂的综合文化内涵也越来越凸显。

现阶段,在世界范围内多元体育文化共存,并在奥林匹克文化全球化发展模式和体系的建立的基础上,构建了世界范围内所共同认可并遵守的体育文化生存规则。

体育全球化就是多元体育文化相互融合、发展,使多元优秀的体育文化在这一背景中,实现不同层面的契合,从而满足全世界人们对体育文化的多样性追求。

2. 促进不同体育文化不断完善

现代体育文化的全球化表现为多元优秀体育文化的全球化。这个过程的实质,就是把不同民族传统体育文化放置于一个广阔的世界平台上,在世界体育文化生态系统中形成多元规范。

在世界各民族文化的交流过程中,传统文化也发挥着重要的作用。例如,东方文化与西方文化的交流与融合大都是通以各自的传统文化为媒介进行的。这也就说明,民族民间体育非常需要登上国际化的舞台,通过开发一些具体的、优秀的民族民间体育文化资源,使民族民间体育与世界文化的大发展相融合。

3. 建设与完善世界体育文化生态系统

实现奥林匹克文化与其他优秀体育文化共同构成充满生机与活力的,与时俱进的世界体育文化生态系统。

当前,体育全球化在很大程度上表现为西方体育文化的全球化。要想实现不同优秀体育文化多元化的世界体育文化生态体系模式还有相当大的距离。主要原因是奥林匹克文化的经济一体化、科技一体化逐渐迎合了时代发展的主旋律,以奥林匹克为代表的西方体育文化已成为世界上受众最多、影响最大的一种文化现象。其所强调的"更快""更高""更强"的体育文化精神内涵符合现代社会发展节奏,给予现代人以奋进、进取的动力。

随着文化全球化的不断深入,全球体育文化将逐渐打破西方竞技体育文化主导的局面,多种民族体育文化共存、相互促进、共同发展将是未来体育全球化的发展趋势。

(二)消极影响

1. 民族传统体育的西化

体育全球化打破了西方体育与民族体育的平衡,加速了民族体育的自然消减,即同化。

就我国来看,近代西方列强武力入侵我国,随之而来的,是各种西方文化思想的涌入。在体育文化传入方面,西方体育文化对我国民族体育发展产生了强烈的冲击,近现代以来,西方竞技体育文化一直是我国学校体育教学的主要教学内容。在我国民族体育文化遭受文化冲击的过程中,对我国体育文化发展具有一定的积极意义,但是也严重压缩了我国体育文化的发展空间,甚至导致我国体育文化发展变革中对西方竞技体育的"迎合"。

在体育全球化的过程中,西方世界既是全球化游戏的主角,又是这场游戏的规则制定者,同时还是这场游戏的主裁判。在这种可笑的逻辑背后,形成了有利于西方体育发展的体育游戏规则,使得民族体育发展将会受到许多不符合民族体育发展规则的制约。

2. 民族传统体育的消亡

自 2004 年雅典奥运会以来,世界各国的竞技体育在发展结构和发展走向产生了翻天覆地的变化,各个国家将越来越多的注意力放在本国运动员的奥运会运动成绩和比赛排名上,竞技体育经费的投入数量不断增加,不断加强竞技体育管理,不断增加训练和竞赛两方面的科技含量。在此背景下,各个国家在竞技体育方面的差距不断较少,各国竞技体育的综合实力逐渐接近,这就更进一步地刺激了各国与地区的竞技体育间的竞争。

民族体育是人类社会生活的组成部分,同时也是滋生现代竞技项目的沃土。在西方式的现代化逐渐转化为一种全球的或普遍的、具有巨大影响力的过程中,随着欧美的殖民统治和在世界各地的政治、经济、文化干预,导致了很多国家与地区的体育思想、体育文化严重"西化",西方竞技体育思想从一开始的"强加于人"到现在已经成为世界体育文化发展的主流。

体育与政治、经济自古以来就密不可分,作为现代体育主体的西方体育在世界范围内传播时,明显处于强势的一方。西方竞技体育文化向世界各地的扩展也是一种文化侵入。

无论是被迫还是主动,西方体育的强势引入,远远超过了对民族体育的体育资源需求。因而使民族体育赖以生存与发展的可利用资源短缺,从而影响民族体育发展,有的甚至是毁灭性的。例如,早期西方国家的全球化军事征服和建立殖民地,这种单向的全球化倾向在文化输出国培育当地的"比照集团",在体育全球化过程中,形成了对民族体育的围攻之势。

随着西方化体育的不断扩展,特别是第三世界国家,习惯性地按照西方化的标准将本民族体育与西方体育比较,为了适应世界体育文化竞技化发展趋势,不得不对本国、本地区和民族的体育文化进行与时俱进的改革,有些改革是形式与结构的改革,是一种文化发展进步,但是有一些改革则摒弃了原有体育文化的原生态性、本质特征,成为一种新的文化,导致原有民族体育文化的消逝。

第二节　少数民族传统体育与西方体育文化

一、中西方体育文化的差异

(一)思想观念的差异

西方社会文化以人作为社会的本位,主张以自我为中心。这种思想进一步拓展,则发展为以人为本、以人为中心的思想。在这一思想的影响下,西方竞技体育表现出公平、平等等思想观念。

我国传统文化主张伦理至上的原则,这是我国民族文化的特质,对于我国社会生活的各方面都产生了重要的影响。中国体育文化以中国传统文化为基础,是建立在中国传统哲学的"天人合一"的哲学思想基础之上的。古代朴素唯物主义的哲学思想中,"天人合一"是最主要的观点。该观点认为,人体和世界万物始终处于运动变化的状态与过程中。在中国"天人合一"哲学思想下,我国传统体育运动健身与锻炼在很大程度上影响着人的生老病死。古代思想家关于爱身与治身的一些方法与手段也是在此基础上提出的。运动能够促进人体血液流通的通畅性,使人体具有坚固的筋骨与畅通的精气,从而保持健康,延年益寿。

在东西方不同文化特质的影响下,休闲体育也表现出了不同的文化特征。随着全球化进程的加快,国家和地区之间的交流逐渐增多,各种民族文化之间相互借鉴、相互影响,这种文化观念上的差异性也在一定程度上有所消除。

(二)思维方式的差异

东西方文化的差异性还表现在思维方式方面的差异性。

西方文化则较为注重理性思维的发展,注重对事物进行精确的研究和分析。现代自然科学起源于西方,这与其理性思维方式具有重要的联系,西方对体育的研究较为精确,对于动作技术方面的研究较多。西方体育追求个人自由,追求挖掘个人潜力、挑战自我极限,注重竞技成绩,崇尚竞争。

我国传统文化更加注重感性思维,《道德经》有云,"道可道,非常道;名可名,非常名",这正是我国注重感性思维方式的鲜明体现。我国在传统的思维方式的影响下,在参与相应的休闲体育时表现出一定的"随性而为",在儒、道两家思想的长期影响之下,中国人形成了"和平文弱"的文化性格。例如,遇到外族入侵时尝试同化对方而非战争;处理民族问题时往往先是"和亲"而非坚决抵抗,这种文化品格与崇尚竞争的西方文化有着本质的区别,中国古代体育的娱乐主线与此联系密切。

东西方思维方式不同、价值观不同,造成了中国传统体育与西方竞技体育根本价值观的不同。

(三)人际关系的差异

西方体育文化注重人与人之间的竞争,这也是现代竞技体育起源于西方的重要原因。这种竞争的理念在社会生活的各个方面都会或多或少地有所反映。休闲体育虽然具有休闲娱乐性,但是竞争性也是其重要的方面。

我国传统文化主张人与人之间关系的和谐发展,主张谦和和礼让,这种文化反映在休闲体育方面,我国民族体育文化更加注重运动参与的人与人和谐相处。

(四)人与自然关系的差异性

西方在处理人与自然的关系时,在客观上形成了一定的对立关系,体育运动发展人体的各项生理机能也是为了更好地认识和征服自然,因此,攀岩、越野、漂流等运动形式起源于西方。西方体育文化中的竞技文化明显不同于中国传统的保健与养生文化。在西方体育文化与精神中,维持生命的最本质要素是力量。西方竞技体育就是"力"在对抗的动态过程中对生命的锤炼。在这一理念中,强者离不开竞争与对抗,也必然要付出牺牲与代价,要敢于面对危险与死亡。宁可有一瞬间的辉煌,也不选择长期苟且地活着。西方体育文化比较重视创造辉煌生命,同时可操作性也很强。

西方体育文化的发展促进了西方人的健康体质。

我国传统文化注重人与自然的和谐统一,强调人与自然之间的协调。中国文化提倡在"天人合一"思想的指导下锻炼,来自行领悟体育的内涵,达到与"天、地、神"相统一的境界,使"心""意""气""形""神"和谐统一于一个整体中。中国传统思想文化体系中,身心统一是基本的生命理念,人与自然万物是平等的,应与自然万物和谐共生。

中西体育文化的理念反映了东西方文明的差异。

二、体育全球背景下少数民族传统体育与西方体育文化整合与交流的必要性

(一)我国体育文化发展的必然趋势

世界体育文化在长期的发展过程中,经历了"西学东渐"与"东学西渐"的双向迁移。在这一规律下,东西方体育文化也必然会走向融合。

文化有其自身的特质,时代性与民族性就是突出表现,相比于时代性,体育文化的民族性更具稳定性。随着世界各个国家与地区在政治、经济等方面交流的不断频繁,文化方面也逐渐呈现出了相互交融渗透的趋势。

在我国少数民族传统体育发展过程中,特别强调与其相关的一些理论,这是为了通过利用传统民族体育的特质来同化外来体育文化的异质因素,从而保护原有的体育文化形态。

当前,在全球政治、经济、文化发展背景下,各种文化交融并进入新文化系统的基础。不同体育文化的发展也不再是两极对立,而是相互交融、共存。

(二)我国传统体育文化发展的基础和保证

我国民族传统体育文化历史悠久,源远流长,从古发展至今,具有强大的生命力。

我国少数民族传统体育文化向现代体育文化转型过程中,始终没有全盘否定传统文化,但需要注意的是,虽然现代体育文化的发展以传统体育文化为基础和根本,却不是要全盘继承和接受传统体育文化,文化发展不是对原有文化的完全复制,而是在文化的继承中不断更新、丰富新的内容。

在整个人类社会中,我国传统体育文化是人类的共性文化,主要通过中华民族的形式表现出来,"只有民族的才是世界的",我国少数民族传统体育文化正是因为其"中华民族特性"的存在,如此才使其成为世界多元体

育文化中不可替代的一员。

(三)有利于促进我国体育文化竞争力的提高

当前全球化背景下,各国在科技、经济、文化等的交流与合作越来越深入,同时,竞争、冲突、合作也同时存在,体育文化作为文化的重要组成部分,必然会走向国际化。

我国传统文化受儒家思想的影响,提倡伦理价值,在发展文化时强调个人对社会的服从,以便实现中庸、和谐。而法律规范、奋勇竞争是西方体育价值观强调的重点。东方智慧与西方智慧、东方文明与西方文明,存在互补性,因此,我国民族传统体育文化在当前世界体育文化中,也具有相当大的吸引力,其中蕴含的古老东方智慧也吸引着越来越多的人关注、学习和传播。

第三节　少数民族传统体育的国际传播、传承及发展战略

一、做好民族传统体育传播、传承的基础工作

(一)采用先进研究手段,健全民族传统体育研究的学科体系,丰富其文化内涵

文化的发展,离不开科学化手段的研究与支持,如此才能保持体育文化与时俱进地传播、传承。

在挖掘整理和研究少数民族传统体育的过程之中,为完整记录有关少数民族传统体育的原始素材、原始文化风貌,逐步建立和完善少数民族传统体育研究的学科体系,必须重视我国民族传统体育文化研究人才的培养,为少数民族传统体育在新时期的发展奠定人才的基础。在此基础上,组织一批文化学、民族学、民俗学、体育学学者合作研究,坚持用严谨的态度与科学的方法来甄别与选择少数民族传统体育,以便对其进行全面分析。

在研究我国民族传统体育文化的过程中,不仅要重视体育文化形态与内容的传承,还要重视更深层次地去挖掘我国民族传统体育文化的精神内涵、文化内涵,并在当前社会发展新时期,用现代理论诠释少数民族传统体

育中一些古老命题,赋予其新的内涵,使其富有新的意义,既要显示其鲜明的民族特性,又要使其具有广泛的世界性,实现真正意义上民族传统体育文化复兴。

（二）根植于民风民俗,开展包括少数民族传统体育在内的社会教育

民族传统体育文化根深于民族的日常生活中,是民族生活生产的文化积淀,民族传统体育的民间传播与传承,长期以来都依靠蕴藏于风俗习惯之中的非学校教育。民族传统体育及其文化主要是通过节日庆典、宗教仪式、婚丧仪式、村寨间竞赛活动等表现、呈现,也通过这种方式实现一代又一代的文化继承。

可以说,研究、继承、传播民族传统体育,不能离开民风民俗,民风民俗扩大了民族体育在民族群众生活中的普及性,在新时期其也为民族传统体育的可持续化传承提供了新的发展思路。例如,我国不少民族地区都开展了民俗旅游活动,民族体育作为节日民俗的主要角色,吸引着各地及国外游客,由此既丰富了当地产业类型,又实现了民族体育文化的传承、传播。

（三）寻求竞技化模式的改造,扩大少数民族传统体育发展领域

目前,我国各省市自治区基本上都已形成开展民族体育运动会的制度,这为各民族传统体育项目提供了展示的舞台。民族地区在一些民族传统体育项目显示出较强的民族优势,如内蒙古自治区有广为开展且已形成制度的"那达慕"大会,因而其在摔跤、马术等项目上占有一定优势。

（四）与学校体育教育紧密集合,建立科学的少数民族传统体育教学体系

学校是体育文化传播、传承的重要基地,体育教育是原始体育形态逐步走向规范化、科学化、普及化的必经之路。事实表明,大多数游戏都是在近代以学校作为传播基地完成了向高水平竞技项目发展的过程。

我国少数民族体育项目作为一种体育活动纳入学校体育教学具有可行性,其原因如下。

（1）少数民族体育项目具有鲜明的民族文化特色,表演性、娱乐性强。

（2）许多少数民族体育活动遵照人体发育规律,优选利于中小学生开展的项目。

（3）可改变西方竞技体育在校园体育教学中的"独霸"局面,使教材更具有民族性特点。

(4)少数民族体育项目场地与器材要求不高,如藏族的"大象拔河"、傣族的"丢包"、许多少数民族都流行的"打陀螺"项目等各种民族传统体育项目的开展十分便利。

(5)少数民族体育可以推动民族学校的校园文化建设。

(五)走生活化道路,便于少数民族传统体育的可持续发展

走"生活化"道路是少数民族传统体育可持续发展的一个重要途径。任何一个国家和民族的体育形式要被世界人民所接受,首先要在自己国家形成广泛的群众基础。

现阶段,随着我国综合国力的提高,社会物质资源越来越丰富,人们的生活水平与生活质量不断提高,体育健身逐渐融入人民群众的日常生活。

我国少数民族传统体育项目是我国先民的智慧结晶,其产生与发展符合我国人民群众的体育文化观念、价值观、健康观、世界观等的认知,具有广泛的群众基础,有在全民健身中推广的良好基础,可以借助广大人民群众的积极参与来促进我国少数民族传统体育在人民群众中的广泛传播、传承。

二、推动民族传统体育文化的国际交流

(一)依靠名人效应,通过人物和事件传播文化

当下,追星是一个比较时髦的话题,任何一个项目的明星、名人都会对该项目的发展起到促进作用,并吸引更多的人参与其中。少数民族传统体育的国际交流与传承也需要依靠名人、明星效应来取得实效。

促进我国少数民族传统体育文化的国际交流,具体可以通过在世界范围内有影响力的人物和事件来宣传少数民族传统体育。例如,借助影视明星李小龙、成龙、李连杰、甄子丹等,在世界范围内普及推广我国武术文化;再如,通过普京访问少林寺,来增加中国民族体育文化的国际知名度、影响力。

(二)搭建交流平台,创建民族体育品牌赛事、建立国际交流组织通道

搭建交流平台是少数民族传统体育的国际交流与传播的重要基础,同时,也是现阶段促进我国少数民族传统体育进行国际交流的具体方法。

在体育全球化背景下,可以通过搭建体育竞赛平台、建立国际体育文

化交流组织来推广我国少数民族体育文化。

当前,在我国长期的努力下,我国武术方面已经有了一些知名的体育赛事。我国传统武术于1990年的亚运会首次被列为国际比赛项目,其所蕴含的运动价值也得到了亚洲各国的广泛认同。当前,武术套路成为亚运会的固定比赛项目,不仅是对传统武术的一种推广形式,同时也是对我国传统文化的大力宣传,这也为世界竞技体育的繁荣发展作出了巨大贡献。

在搭建的平台上,还要搭建交流展示的平台,如设立各项目国际交流比赛。

此外,大量培训教练员、裁判员和习练者,这样就能更好地为少数民族传统体育的国际交流与传播传承储备人才。通过国际联合会在世界各国建立官方的国际培训中心和交流基地。官方组织要给予民间组织政策、资金、器材、人才、培训方面的支持,定期举办国际教练员、裁判员、运动员培训班,安排好各种国际竞赛、表演、学术等活动。

(三)重视改革,使武术融入体育全球化

在体育全球化的今天,世界体育文化格局错综复杂,全球化为各国的体育文化提供了相互传播与融合的发展机遇,我国应该抓住这一机遇来传播少数民族传统体育文化,具体要以中国特色社会主义文化为标准,以中国民族传统文化为主体来不断整合与革新少数民族传统体育文化,从而满足少数民族传统体育国际化传播与国际化发展的需求。

文化全球化发展背景下,东西方体育文化之间存在着激烈的冲突,各国和各民族之间的体育文化也在不断发生着碰撞。为了提高我国体育文化的竞争力,争取在全球体坛掌握话语权,我们需要突破顽固的守旧模式,尝试对少数民族传统体育文化的传播方式、传播内容等进行创新,去其糟粕。同时还要注意改革有度,要确保少数民族传统体育的本质性、民族性不变。

(四)加强媒体宣传,依托互联网促进民族传统体育的全球化传播

少数民族传统体育的国际交流需要传播媒介的宣传和报道。在我国少数民族传统体育的国际化传播过程中,我们需要选用各种各样的传播媒介,其中大众传播媒介就是首选,选择该媒介有利于我们顺利实现传播目的。

例如,通过以我国民族传统体育文化为主要题材的影视作品的输出来推广与宣传中国民族传统体育文化。早期我国电影《少林寺》在世界范围内引发了对我国武术的强烈反响,就是一个很好的民族传统体育文化传播

案例。

新时期,随着我国互联网的普及,网络媒体在少数民族传统体育传播中必将发挥越来越重要的作用。所以,要充分利用网络媒体的优势,加强民族传统体育门户网站的建立,力求借助互联网,再通过官方正面积极的介绍与宣传,来传播我国民族体育文化。

(五)注重国家层面的民族体育文化对外输出,建立国际教育途径

建立国际教育途径需要通过国家教育部与国外教育机构开展合作。可以采取孔子学院进入国外各高等和中等学校的途径,也可以在国内著名的体育院校、高校开设民族传统体育国外留学生教育;国内高校在国外创办分校,设立民族传统体育专业等。通过科学化、系统性的民族传统体育教育来全面、系统、积极地宣传我国少数民族传统体育文化,消除国外一些人对我国少数民族传统体育文化的误解,培养一批海外我国少数民族传统体育的爱好者、学习者、文化传播使者。

参考文献

[1]田祖国,郭世彬.民族传统体育[M].长沙:湖南大学出版社,2018.

[2]薛凌.高校民族传统体育理论、发展与技能研究[M].北京:中国水利水电出版社,2017.

[3]薛文忠.当代武术与民族传统体育专业人才培养模式[M].长春:东北师范大学出版社,2017.

[4]徐泽.民族传统体育发展与实践研究[M].北京:人民日报出版社,2016.

[5]陈晓梅.民族传统体育文化的弘扬与典型项目教学指导[M].北京:中国水利水电出版社,2016.

[6]夏思永.少数民族传统体育实现教育功能途径的研究[M].重庆:西南师范大学出版社,2016.

[7]刘启坤.少数民族传统体育理论与技能[M].昆明:云南大学出版社,2015.

[8]韩斌,高文洁,詹全友.中国共产党少数民族传统体育文化保护和利用研究[M].武汉:湖北人民出版社,2014.

[9]崔乐泉.中国少数民族传统体育[M].贵阳:贵州民族出版社,2011.

[10]张延庆.少数民族传统体育健身系列项目创新与实践[M].北京:中央民族大学出版社,2013.

[11]闫艺.西北少数民族传统体育变迁与发展趋势研究[M].厦门:厦门大学出版社,2013.

[12]李建荣.少数民族传统体育教程[M].北京:九州出版社.2015.

[13]夏思永等.民族传统体育文化传承和民族和谐社会建设关系研究[M].重庆:西南师范大学出版社,2011.

[14]徐晓良,张海波.体育全球化背景下我国民族传统体育发展的对策思考[J].体育科技文献通报,2007(07).

[15]石爱桥.民族传统体育概论[M].北京:人民体育出版社,2014.

[16]张选惠.民族传统体育概论[M].北京:人民体育出版社,2005.

[17]周之华.中华民族传统体育文化概论[M].北京:北京体育大学出版社,2015.

[18]林玲.论西北民族体育文化的地域性特征[J].武术研究,2016(01).

[19]杨雷,杨慧馨,黄玉涛,徐飞.东北地区民族传统体育的传承与流变[J].哈尔滨体育学院学报,2008(03).

[20]王泽波.内蒙古地区少数民族传统体育发展的研究[D].首都体育学院,2011.

[21]饶远,刘竹.中国少数民族体育文化通论[M].北京:人民出版社,2009.

[22]姚重军,薛锋.民族传统体育文化概论[M].兰州:甘肃民族出版社,2008.

[23]易剑东.体育文化学[M].北京:北京体育大学出版社,2006.

[24]张璐.中国民族传统体育文化的传承及发展取向[J].重庆科技学院学报(社会科学版),2012(13).

[25]刘轶.我国学校民族传统体育发展路径研究:以文化软实力为视角[M].武汉:湖北人民出版社,2013.

[26]王岗.民族传统体育发展的文化审视[M].北京:北京体育大学出版社,2005.

[27]方哲红.民族传统体育教学与训练[M].北京:北京体育大学出版社,2010.

[28]王建华.民族传统体育[M].北京:人民教育出版社,2008.

[29]田祖国.国家文化软实力与民族传统体育发展的制度保障研究[M].北京:民族出版社,2016.

[30]佟贵锋,杨树叶.民族传统体育与文化[M].大连:大连理工大学出版社,2015.

[31]李武绪.民族传统体育文化创新研究[M].北京:光明日报出版社,2015.

[32]李繁荣.民族传统体育文化及其传承研究[M].济南:山东大学出版社,2014.

[33]魏孟田,薛英俊,王怡.民族传统体育文化构建与课程建设研究[M].北京:中国时代经济出版社,2014.

[34]秦钢.我国民族传统体育文化资源与产业发展研究[D].武汉理工大学,2012.